大樂文化

大樂文化

大樂文化

哈佛大學最強的EQ訓練

韋秀英◎著

教孩子控制情緒、找到貴人、
善用天賦的 **5** 堂課！

Contents

第2章

哈佛指導孩子思考，更重於傳授知識

第3章

孩子學會管理情緒，才知道快樂是什麼

第4章

競爭與友誼並存，累積孩子的貴人運

Contents

前言

用哈佛大學EQ訓練法，增強孩子的心智能力

我們從國中升上高中後，正式進入一生中美好又矛盾的時期——青春期。這段時期，我們會迷茫、嚮往，開始思考人生的方向。學業壓力的增加、身邊親友的期許，以及即將到來、影響力偌大的升學考試，都會讓生活變得緊張。我們究竟該如何把握高中三年的時間，讓人生不留遺憾？

哈佛大學被譽為「高等學府王冠上的寶石」，不論是學校名氣、教授陣容或學生綜合素質，都堪稱世界一流，是天下學子心中的最高殿堂。三百多年來，為商界、政界、學術界及科學界，先後培養了數以百計的世界級菁英，包括了八位美國總統、四十九位諾貝爾獎得主、三十位以上普立茲獎得主，以及美國五百家大企業中三分之二的總經理，還有各行各業裡眾多努力不懈的成功者。

舉例來說，從哈佛畢業的奇異公司（General Electric）前總裁傑克・威爾許

（Jack Welch）是世界偉大的CEO之一，從哈佛休學的比爾・蓋茲（Bill Gates）常年蟬連世界首富，都是哈佛大學正確教育方針得出的結果，也是高素質教育理念的有力證明。

誠如哈佛大學前校長詹姆斯・科南特（James Bryant Conant）所言：「大學的榮譽不在校舍和人數，而在於一代又一代學生的品質。」還有一位哈佛大學教授也說：「人才的培育與成長並不在方法，而在於觀念，並不完全依靠勤奮，而是依靠思想。」那麼，哈佛的教育究竟蘊含怎樣的智慧呢？

哈佛大學創建於一六三六年，原稱為「劍橋學院」，去過哈佛的人都知道，校園裡沒有現代化的高樓大廈。創校時只有一名教師、一間木板房和一個學院，在出生於倫敦的英國牧師約翰・哈佛（John Harvard），將自己的全部藏書和一半資產捐贈給學校後，從此改名為哈佛大學。

如今，哈佛大學擁有七十三座以新英格蘭紅磚所建、藏書逾千萬冊的圖書館。當你伴隨著晨曦走進美麗的哈佛校園時，不難發現正聚精會神、積極思考的學子，那些勤奮努力的身影堅實地寫下人生的篇章。

本書彙集哈佛大學頂級的教育理念，從人生智慧、優秀品質等多個角度，發掘豐富且行之有效的成功內涵，分析與分享哈佛大學教育的精髓，為成長中的學生提供精神養分，從而樹立菁英意識，學會在生活中正確選擇，並且鼓勵學生不斷塑造自我，為未來打下穩固的基礎。

學生時期的孩子
具有極大的可塑性，
只要按照興趣和需要學習，
從被動身分轉換為主動出擊，
就能徹底激發潛能。

第1章

為何提高孩子的EQ，能讓IQ快速成長？

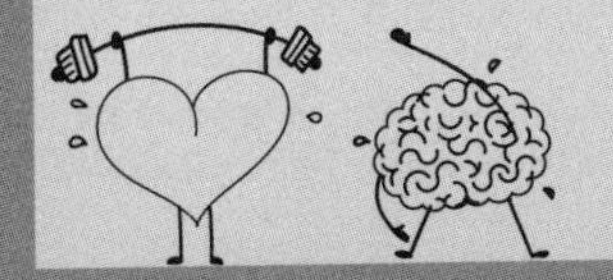

讓孩子能多元思考，是培養EQ的第一步

鼓勵孩子的一句話

舊的思想像一匹老馬，如果你想讓牠跑久一點，就需要多加鍛鍊。

——美國前總統 約翰・亞當斯（John Adams）

思考能力並非天生，而是透過後天不斷努力鍛鍊而來，大腦的開發與利用取決於不同的思考方式。思考模式會影響在校表現，包括學業成績，而青春期形成的思考模式，則高度影響大腦的潛能開發。

哈佛大學心理學研究表示，思考方式的差異會形成不同的思考模式，對大腦產生不同的刺激。舉例來說，對於同樣的問題，有些同學善於從多元角度思考，有些同學則會手忙腳亂。這就是不同思考方式造成的差異。

大腦基本上在十歲左右就發育完成，但青春期正處於可塑性最強的時期，鍛鍊思考能力可重啟大腦某些被忽略的區域，進而變得更聰明。以下根據哈佛大學心理學和教育學的課程，將思考方式大致分為五種類型：

1. 長效思考

這是一種預測、推論式的思考。在行動前先合理分析和推測，預估可能出現的問題及對策，以最快速度找到有效的解決方案。長效思考在學習生涯中佔有一席之地，也能在日常生活中提供有效的應對策略。

舉例來說，考卷上出現關於立體幾何的問題，你看完題目後，隨即開始盲目地套上各種公式，但這麼做往往耗時又費勁。

長效思考會先簡化圖形，找到圖形中關鍵的面、線、角後，再畫上必要的輔助線，將立體圖形剖析成大腦可接受的狀態，如此一來，該用什麼公式、該如何證明，就一目了然。

2. 創造性思考

創造性思考包括邏輯、判斷及想像力。從分析與觀察中找出初步論點，形成理論或科學上的假說，並想辦法在驗證後得出結論。創新的首要是學會觀察，再從大量經驗中學習，最後形成多方位思考。另外，持之以恆也是創造性思考的必要條件。

哈佛大學及美國名校的學生都有一個共通點，就是能在課堂上侃侃而談。相反地，我國高中生面對老師拋出的問題，經常是全體沉默，等待老師提供正確答案。哈佛大學心理學報告將這種現象稱為「惰性思考」。一旦習慣接收資訊而非主動分析，大腦的處理功能就會退化，而惰性思考最常見的副作用就是喪失創新能力。

3. 集體思考

哈佛大學的課堂上很少有獨自作業的機會，學生常以小組為單位討論和研究。集體思考可以有效促進學生之間的思想互動，使思考方式大幅提升，達到取長補短等成效。學習是學生每天的主題曲，但在學習的同時，同學之間的溝通與討論有助於建立集體思考。

4. 假設思考

為了擺脫慣性思考，在日常生活和學習中，應盡量使用「假設」這項功能。楊振寧博士從雪花精確的對稱結構中，假設且驗證了「弱相互作用中宇稱不守恆」，並獲得諾貝爾物理學獎。J. K. 羅琳透過想像，建構出風靡全球的魔法世界。

假設是想像力的前提，也是大腦自我開發的重要途徑，已有研究指出：「假設運動能同時運用大腦的多個功能區域。」也就是說，容易胡思亂想的人往往後天智商較高。

5. 逆向思考

逆向思考的思考方式與傳統思考相反，其特徵是將不利因素轉變為有利因素，相當於數學中的反證法。鍛鍊逆向思考有助於大腦形成多個迴路，在想要解決問題時，能從多個方向搜索，用更快的速度完成推導和策劃。在哈佛的經濟學課堂上，曾舉過以下例子：

美國有家名爲鮑耶的瓷器公司，原本只是家沒沒無聞的小企業，而老闆娘接手後，立即爲公司訂立兩條戰略目標：第一，用藝術家的名聲製造新聞話題，並將產品珍藏在國家博物館中，以抬高身價；第二，以慈善家的名義生產保育類野生動植物的瓷雕。

爲了提升知名度，鮑耶在一九七二年尼克森總統準備訪華時，獻上一尊精雕天鵝群瓷器珍品。當時，尼克森正苦於尋找訪華時贈送的禮物，看到鮑耶獻上的瓷器後，喜出望外。

由於瓷器的英文是「china」，也可譯爲「中國」，這尊具有雙重意義且藝術價值極高的瓷器，便跟著尼克森一起前往中國。原本規模小的鮑耶因爲產品的藝術性強，加上新聞媒體的報導，自此生意興隆。

這就是逆向轉化的力量，在學習過程中，也可以利用這種方式解決問題。舉例來說，單選題經常會出現以下情況：A好像對，B看起來沒錯，C也有可能。這時，我們可以採用逆向刪去法。在只有一個正確答案的單選題中，若有兩個答案較為類似，有可能都是錯誤的答案。

以上列出的五種思考方式，都可以在平時多加鍛鍊，不僅能強化大腦、增強邏輯思考能力，長期下來，還能慢慢建立屬於自己的思考模式，在面對困難時，提升分析能力。

哈佛腦力激盪

測一測你的思考活耀度。

Q1 某天，甲指責乙說謊，乙指責丙說謊，丙說甲和乙兩人都在說謊。他們三人當中，至少有一人說的是實話。請問到底是誰在說謊話呢？

Q2 四個人正在猜測電視劇主角的年齡，實際上只有一個人說對了。

張：她不會超過二十歲。　　王：她不超過二十五歲。

李：她絕對在三十歲以上。　　趙：她的歲數在三十五歲以下。

A. 張說得對　　B. 她的年齡在三十五歲以上

C. 趙說得對　　D. 她的歲數在三十至三十五歲之間

Q3 A、B、C、D四人參加數學競賽，賽後四人的預測名次如下：

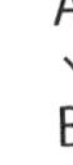

A說：「C第一，我第三。」　B說：「我第一，D第四。」

C說：「我第三，D第二。」　D沒有說話。

最後公佈考試成績時，每個人的預測都只對了一半，請說出他們競賽的名次。

參考答案

Q1 甲在說謊。

Q2 B。

Q3 競賽的排名，由第一到第四的順序是BDAC。

2 EQ高的人，組織協調能力也更為出眾

鼓勵孩子的一句話

成功＝20％的IQ＋80％的EQ。

——哈佛大學心理學教授 丹尼爾・高曼（Daniel Goleman）

在哈佛，學習成績絕不是成敗的唯一標準，如果說IQ決定成績，EQ就決定了綜合素質。例如：EQ高的人協調組織能力較為出眾，學習能力、可塑性也較強，而且更有團隊精神。從某方面來說，EQ可以促進IQ增長。

如果說IQ是天生，EQ就可透過後天培養。也許有人會不以為然地說：「我天

生EQ低，有什麼辦法？」

在哈佛大學的必修課程中，你經常會看到「EQ課程」的身影，不僅僅是哈佛，美國大部分名校都已開設EQ課程，並有將近一半的學校將它列為必修。由此來看，想要在當今社會裡做出成就，沒有高EQ是行不通的。

學生時代的思考與個性有極強的可塑性，小小的習慣就能夠改變未來的走向。因此，在鑽研知識的同時，也不能忘記培養EQ的重要性。

思考模式的形成依賴重複的經驗，EQ也會因為環境不同而大相逕庭。孩子是生長在父母經常爭執的家庭，還是開明的家庭，會擁有不同的EQ程度。除了家庭環境的影響之外，哈佛大學的EQ課程也講述，如何在成長過程中自我規劃和調整，把EQ補回來。

1. 自我認識

自我認識是培養EQ的前提，只有充分了解自己的情緒，才能合理地加以運用並駕馭。即使是學生，我們也應當為自己的人生負責，不能總是依靠老師或家長的監督，或推卸失敗的責任。仔細觀察自己在面對成功和挫折時的心態，同時留意遭受諷刺和嘲笑時產生的情緒，可以積極幫助我們加深對自我的認識。

2. 控制自我

哈佛大學EQ課程中指出，接受情緒是培養EQ的重要步驟。那麼，我們該如何控制情緒化的行為呢？

① 承認自己的弱點

每個人都有弱點和短處，了解情緒產生的原因，而不是回避或視而不見。

② 控制欲望

降低過高的期望，在「索取與貢獻、獲得與付出」的關係中找到平衡。

③ 學會正面看待社會上存在的各種矛盾

多接觸光明、積極的事物，發現生存的意義和價值，增加希望和信心。

④ 正確釋放、宣洩自己的消極情緒

處於困境、逆境時容易產生負面情緒，當這種情緒長期被壓抑，容易變得情緒化。高EQ的人懂得適時釋放消極的情緒。

3. 激勵自我

鼓勵是產生正能量的必要過程。美國短篇小說家歐・亨利（O. Henry）在〈最後一片葉子〉（*The Last Leaf*）中講了以下故事：

病房裡，生命垂危的病人看著窗外，樹葉在秋風中一片片地掉落。病人望著眼前的蕭蕭落葉，身體狀況跟著每況愈下。病人說：「當樹葉全部掉光時，就是我和世界告別的時刻。」

一位老畫家得知病人的情況後，在那棵樹上畫了一片青翠樹葉，葉子始終沒有掉下。由於生命中的這片綠葉，病人不斷激勵自己，最後竟奇蹟般活了下來。

如何激勵自己，決定我們的目標能否實現。以下六個步驟有助於自我激勵：

步驟一：每天給自己一句讚美。

步驟二：每天肯定自己做的一件事。

步驟三：每天為自己的學習情況打分數。

步驟四：每天選出一堂表現最好的課。

步驟五：每天記錄老師表揚自己的次數。

步驟六：每天計算自己解出的難題。

將以上記錄列表，肯定自己每天的進步，也是培養ＥＱ的好方法。哈佛心理學教授認為，只有懂得自我讚美的人，才能擁有幸福的人生。

求學的生活很苦，必須打起十二萬分的精神，才能消化每天繁重的課業。但千萬別忘記，自己除了ＩＱ外還要培養ＥＱ，按照上述方法鍛鍊ＥＱ，久而久之就會發現，正能量已充斥在生活中。當ＥＱ達到一定的程度後，你將發現ＩＱ的高低已經沒有那麼重要，因為你擁有讓自己更幸福、更成功的方法。

哈佛心理測驗

你的領導能力有多高？

Q1 有一天，你在路上遇到失聯已久的老同學，你們相約到附近的咖啡廳坐坐，除了聊目前的生活之外，也談起以前的時光，這時你最怕老同學提起什麼？

A. 剛認識時發生的軼事　　B. 畢業分開時的感覺

C. 你們的另一位好朋友　　D. 一次旅行的經歷

答案分析

選擇A的你，領導才能會在小團體內發揮，一旦人變多、關係變複雜，就容易掌控不住局勢，甚至招致民怨，「寧為雞口，不為牛後」說的就是你的性格。

選擇B的你，在團體當中通常是助人的角色，你的生活哲學是「平生無大志，只求有飯吃」，你擁有隨遇而安的個性，是個實在的人。

選擇C的你，具有領導的才能，卻沒有領導的大氣。想要讓一群人服從於你，光有才華是不夠的，你必須懂得唯才是用、能屈能伸、善用智謀，只有勇氣和衝勁無法成為真正的領導者。

選擇D的你，是天生的領導者，十分有領導天份和魅力。你並不會刻意表現出野心和企圖心，但是大家自然會找你解決問題、喜歡和你在一起。

3 不快樂、情緒糟，學習成績下降50%

鼓勵孩子的一句話

與應取得的成就相比，我們只不過半醒著，因爲我們只利用身心資源的一小部分，雖擁有力量卻不會使用。

——美國哲學與心理學家 威廉・詹姆斯（William James）

「幸福課」是哈佛最受歡迎的選修課之一，聽課人數甚至超過哈佛的王牌「經濟學導論」。愈來愈多學生認為，幸福感才是衡量人生的唯一標準。若將人生比喻為漢堡，哈佛歸納出四種漢堡的口味：

第一個漢堡：美味的垃圾食物——享樂型主義

第一個漢堡口味極為誘人，卻是個對健康毫無益處的垃圾食物，吃它只是為了享受眼前的快樂，副作用是出賣人生未來的幸福、埋下未來痛苦的種子。

第二個漢堡：不美味的垃圾食物——虛無型主義

第二個漢堡吃起來既不美味，也不健康，代表對生活喪失了希望和動力，既不享受眼前的事物，對未來也不抱期待。

第三個漢堡：不美味的健康食品——忙碌奔波主義

吃掉這個漢堡，可以使你日後更健康，但漢堡吃起來卻沒那麼美味。這好比為了長遠的計畫，犧牲眼前的快樂。

第四個漢堡：美味又健康的漢堡——幸福主義

第四個漢堡美味又營養，你既能享受當下的快樂，又可以獲得更美滿的未來，這種人生狀態就是我們追求的幸福。

大多數人本性無憂無慮，但自從上小學那天起，生活開始變得忙碌。父母和老師總是告誡我們：「取得好成績，長大後才能找到好工作」，卻從來沒人告訴我們：「學習是件令人開心的事，學校是可以獲得快樂的地方」。學生常因為擔心成績不理想，而背負著焦慮和壓力，無法體會學習的快樂，更不用說追求幸福感。

隨著年紀增長，許多學生漸漸接受這種價值觀，雖然依舊努力學習，卻壓根對學習內容沒興趣，更不知道為何而學。

升上高中後，大部分學生將念書奉為圭臬，認為犧牲現在就是為了換取未來的幸福。每當學習壓力無處發洩時，就會安慰自己：「等考上大學就不會那麼辛苦了。」然而，上了大學後，又擔心自己競爭力不足、將來找不到好工作等。在如此惡性循環之下，與幸福漸行漸遠。

有別於大部分的人誤將成功當作幸福，哈佛從不會以成績或成功定義幸福的程度。一味追求成績和排名，卻忽略自己的興趣和愛好，只會讓成功變得非常盲目。

人們常把目標達成後的放鬆心情解釋為幸福，好像事情愈困難，成功後就會感到愈幸福。其實，這種解脫只是讓我們感到放鬆和安慰的假象，絕不是我們口中所說的幸福。

哈佛大學認為，發自內心熱愛學習，並享受學習過程的學生能獲得更好的成績。人們在做感興趣的事情時，才能充分發揮自己的天賦和潛能，且能做得更持久。一旦有了熱情，不但能使意志變堅定，效率也會提高。

然而，在美國有百分之五十的人對自己的工作不甚滿意。他們之所以不開心，並不是因為別無選擇，而是他們把物質與財富擺在快樂之上。

究竟如何才能得到真正的幸福？人的幸福感主要取決於三個因素，分別是「遺傳基因」、「與幸福有關的環境因素」，以及「能夠獲得幸福的行動」。保持積極向上的心態是獲得幸福的重要關鍵，能讓自己的人生變得更有意義。在哈佛大學幸福課上，教授舉出以下例子：

格林在父母離異後變得鬱鬱寡歡，學習成績也跟著下降，且動不動就對同學發脾氣。爲了平衡內心的混亂，他每天吃完晚餐後，都在操場上痛苦地轉圈，而沒有人能夠安慰他。

不知從何時開始，格林的同學傑克悄悄出現在他身邊。從此，兩個身影並肩而行，格林漸漸從家庭的陰影中走出來。原來，傑克的父母也離婚了，他在那段痛苦的日子裡奮發學習，變得獨立堅強，他用自己的親身經歷鼓勵格林。

傑克說：「好運來臨時，我們會感謝生活，但生活不如意時，大多數人卻會怨天尤人。生活不會因爲抱怨而變得美好，卻會因爲抱怨而變得更糟。經歷了種種不如意後，我學會感謝生活。正是因爲家庭的變故，才能成就今天的我。」

保有積極向上的心態之外，幸福也與聲譽息息相關。哈佛教授在課堂上說了以下的故事：

某日，凱瑟環視著美麗的原野，向兒子說起這片土地的故事。

凱瑟成家立業後，想在鎮上蓋一間屬於自己的房子，但建屋需要一片土地，而南方那片十五英畝的土地是銀行家尤迪先生所有。鎮上的人都知道，尤迪雖然是大地主，卻一塊也不肯賣。儘管如此，凱瑟還是上門拜訪，不出所料，尤迪立即拒絕他的請求。凱瑟臨走前，尤迪先生問起他的名字：

「你說你叫什麼名字？」

「比爾．凱瑟。」

「你認識格列弗．凱瑟嗎？」

「當然認識，他是我爺爺。」

尤迪先生聽聞後感到有些驚訝，並示意他坐下。

「格列弗．凱瑟是我見過最好的農場工人。」尤迪先生說。

「他不用我吩咐，就主動把所有事做好，若當天事情沒做完，他會覺得難受。」

老人眯著眼，沉浸在遙遠的回憶中。

「你再說一次想要什麼？」

凱瑟將他想買地建房的想法又說了一遍。

「好吧，我考慮考慮，過兩天你再來。」

一週後，凱瑟如約而至。

「三千八百美元怎麼樣？」尤迪先生說。

凱瑟心想：「每畝地三千八百美元，十五英畝就是將近六萬美元，這不是變相拒絕嗎？」

他面有難色地再次問道：「三千八百美元？」

「是的，十五英畝共賣你三千八百美元。」老人微笑著說。

三十年後，凱瑟將這片十五畝只要三千八百美元的土地，建設得愈發美麗。

「孩子，」凱瑟說：「這全都因爲我爺爺格列弗・凱瑟的美好聲譽。這份美好的聲譽，就是爺爺留下最好的遺產。」

聲望能贏得尊重，信譽是激發人努力向上的動力。哈佛大學教授常告訴學生，**名譽是最有效的推薦信、人生道路上最好的通行證**。好名聲成就一生的榮譽，而壞名聲往往使人遺臭萬年。

幸福是一件單純的事，過自己想過的生活、追求自己的目標就是幸福。從今天起，試著做個幸福的人，不再把學習視為負擔，而將學校看作學習的樂園。在學習的道路上處處充滿巨大壓力，讓自己的心不受束縛，盡情徜徉於知識的海洋，努力為青春添加獨一無二的色彩吧！

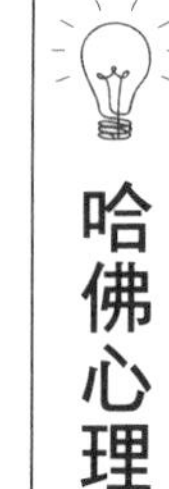

哈佛心理測驗

你的生活多麼幸福？請從以下二十七個選項中，選出令你感到害怕的八項，並記錄下來。

1. 鬼、2. 死亡、3. 輟學、4. 世界末日、5. 失戀、6. 失去親人、7. 貧困、8. 朋友飛黃騰達、9. 戰爭、10. 被愛人背叛、11. 老去、12. 毀容、13. 寂寞、14. 無聊、15. 殘廢、16. 被朋友背叛、17. 老無所養、18. 一事無成、19. 失去信仰、20. 失去自由、21. 內疚、22. 被誤解、23. 被遺忘、24. 平庸、25. 不快樂、26. 不健康、27. 失去民主

選好後，請在紙上隨意寫下二十七個詞語，憑直覺想到什麼就寫什麼。

答案分析

1. 每個選項上都有序號，請將八個令你感到害怕的選項序號相加，所得的數字就是得分。得分大於一百二十，表示你目前過得不錯。得分愈高表示生活得愈好。
2. 憑直覺寫下的二十七個詞語中，愈後面寫出的詞語愈能反映內心深處的世界。

透過「安靜的力量」，讓孩子克服臨場壓力

鼓勵孩子的一句話

先有堅定的信念，才有不凡的行動。

——美國作家詹姆斯・弗里曼・克拉克（James Freeman Clarke）

一九九九年四月，哈佛大學、哥倫比亞大學、衛斯理學院和曼荷蓮學院四所美國知名大學，同時以全額獎學金錄取十八歲的成都女孩劉亦婷。這四所知名大學就連美國本地學生也很難考上，對大部分外國學生來說，能拿到哈佛大學錄取通知書更是難於上青天。

劉亦婷被錄取的消息頃刻間造成轟動，為什麼這些世界名校都選中她？她究竟有什麼過人之處？在劉亦婷父母的眼裡，她只是個普通孩子，若要舉出最與眾不同的特點，那就是時刻保持平和的心態。

在競爭激烈的時代，每個人從呱呱墜地的那一刻起，就得開始學習適應環境。上了國中，很快就面臨高中升學考，考完高中還得努力考大學。好不容易考上理想大學，又要面臨嚴峻的就業形勢，或者繼續深造。

人生就像一次又一次擠過窄小的獨木橋，而路又是如此漫長。學生時代的壓力之大不言而喻，想保持心理平衡，不如想像中容易。

每個人的人生中都會遇到無數的困難與壓力，我們最需要的是**隨遇而安、保持平常心，讓內在潛能平穩地發揮**。與他人比較是人之常情，一旦處於劣勢，心理難免產生不平衡，壓力也油然而生。為了使欲望得到滿足，人人都拚命努力。雖然這種追求的精神會激發動力，但人的欲望永無止境，沒有人能夠實現所有願望，因此放棄的勇氣顯得更為重要。

怎樣才算平和呢？心態平和指的是無論外界環境如何變化，心理都保持相對平靜。心理平衡了，生理也會跟著平衡，而生理平衡後，人體的組織系統才能在最佳狀態下運轉，讓健康與活力得以自然煥發。

人本主義心理學認為，人性本善且蘊藏著無限潛力。教育家蘇霍姆林斯基（Vasyl Sukhomlynsky）指出：「讓學生實行自我教育，才是真正的教育。」也就是說，每個人身上都有尚未發揮的優勢潛能，而實行自我教育是喚醒潛能的鑰匙。以下說明自我教育的三大要素：高度的自信、強烈的願望和堅定的意志。

高度自信是一切成功的基礎，也是成就一切事業的根本。只有對自己非常自信，才能喚起內心的激情。無論在學習還是工作中，都要對自己充滿信心，因為信念是潛意識的精髓和靈魂，如果連自己都不相信自己，還有誰會相信你？

堅定意志是為了達到目標而自覺努力的心理過程。簡單地說，意志就是堅定的決心，大多數的失敗源自於意志軟弱。人的意志是一種非常特殊的能量，與潛意識有著緊密的聯繫。當潛意識被無限放大，潛能也會隨著提升，我們將這種潛意識稱為**強烈的願望**。

傳統的學習方法強調學生的知識技能，這使得學習成為被動的機械灌輸，無視學生的興趣和真正需求。傳統的學習方式由老師全權掌握，課堂提問只是為了檢測學生的記憶效果，久而久之，學生的主動性、能動性、獨立性遭到壓制，學習興趣和熱情也逐漸銷蝕，不只壓抑學生的潛能，甚至影響健康成長。

人類生來蘊含著蓬勃發展的可能性，學生時期的孩子具有極大的可塑性，只要按照興趣和需要學習，從被動身分轉換為主動出擊，就能徹底激發潛能。而且，要積極參與學習、勤於動手、樂於探究，鍛鍊分析和解決問題的能力。同時，別忘記培養與他人合作交流的習慣，給自己一塊向上成長的土壤，和一片享受快樂的自由天空。

哈佛心理測驗

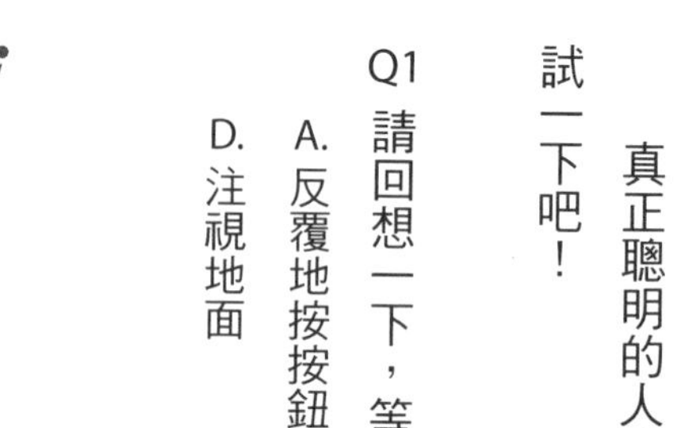

真正聰明的人了解自己，並懂得發揮天賦。想知道自己具有什麼樣的天賦嗎？測試一下吧！

Q1 請回想一下，等候電梯時，你最常表現出的行為是：

A. 反覆地按按鈕　B. 在地上跺步　C. 抬頭看天花板。

D. 注視地面　E. 盯著樓層顯示燈，電梯門一開立刻衝進去。

答案分析

選擇A的你沉迷於某件事後，容易渾然忘我。有人緣、具有公關天賦。

選擇B的你直覺敏銳，洞察力強，具有藝術天賦。
選擇C的你心地善良，邏輯清楚，在理工科方面有天賦。
選擇D的你分兩類，一是個性消極，不喜歡坦露心事；二是坦率、人緣佳。
選擇E的你小心謹慎，不喜歡冒險。領導能力佳，但有時過於理性。

5 多數天才都充分發揮右腦能力，因此……

鼓勵孩子的一句話

每個人都有不同的特長，充分培育每種特長就能邁向成功。

——哈佛大學教育學教授 霍華德・加德納（Howard Gardner）

哈佛大學研究發現，每人約有一百四十億個腦細胞沒有被開發利用，被科學家稱為「三磅空間」（成年人大腦重量約為三磅重，於是以此命名）。大腦就像一片未經開墾的土地，具有無限潛能。如果能有意識地開發大腦，等於是為將來的成功奠定堅固的基礎。

天才往往具有超群的洞察力和想像力。研究顯示，愛因斯坦的大腦結構與普通人無異，唯一的不同在於他的大腦得到全面且深度的開發。

人類右腦的能力幾乎是左腦的一百萬倍。左腦是以語言思考，而右腦則是透過圖像運轉，先獲得圖像資訊，再轉化為左腦的語言資訊。因此，右腦對資訊的儲存和處理皆強於左腦。

在現實生活中，超過百分之九十五以上的人只使用自己的左腦，而未開發出的能力大多隱藏在右腦中。**如果只注重運用左腦，而忽略右腦潛能的開發，等於白白浪費了大腦的空間。**

人的左腦與右視野有關，右腦與左視野有關，但實際上左右視野幾乎是同時進入大腦，因此很難感受到其中的區別。如何判斷自己是屬於左腦思考，還是右腦思考呢？哈佛學者在研究中發現，人的左腦和右腦主要有以下四點區別：

1. 左腦控制右側身體，右腦控制左側身體

人類約有百分之九十的行為由左腦控制，例如：書寫、繪畫、使用筷子等。大腦

控制身體的對側，體現在寫字或運動上，而我們轉動頭部或眼球時也是如此，左腦控制頭向右轉，右腦則控制頭向左轉。如果左腦受傷，右側肢體的行動會有困難，而右腦受傷，左側的肢體行動就會受阻。

2. 左腦按先後順序活動，右腦則是同步活動

人的左腦善於分辨依序發生的事物和行為，例如：生活中的聽說讀寫等。右腦則擅長綜合評價，能同時辨別各種事物，並看出情境中的所有因素。

3. 左腦理解字面語意，右腦能夠領悟話外音

人的語言功能大多由左腦控制，而右腦善於理解言下之義。舉例來說，母親發現你考試成績不理想，於是臉色難看，並頻頻關心學校的情況。這時，我們會明白兩件事：母親關心你，以及母親不高興。

在這個過程中，左腦接收到母親說的話，並分析語音和語法，使你理解字面的意思。同時，右腦會從難看的臉色、不同以往的詢問方式等，理解母親不高興。如果右

腦受損，只能理解母親關心你，但不能體會到母親的不開心。如果左腦受損，只會明白母親不開心，卻不知道她關心你。

4. 左腦善於分析細節，右腦側重考慮全域

處理錯綜複雜的事情時，左右腦分工配合、相得益彰。左腦負責分析資訊、捕捉細節，右腦負責整合所有獨立因素。大腦處理資訊、進行推理的最基本方式，就是分析與合成，由左右腦共同完成。

若平時慣用手是右手，左腦會經常保持優勢，若慣用手是左手，則右腦使用較佔上風。因此，在日常生活中，若能靈活運用左右手，有助於更高效地開發大腦。

哈佛大學研究者認為，開拓右腦能大幅提高效率。正如前文所述，天才能夠充分發揮右腦能力。右腦的活躍有助於打破各種思考迷思，提高想像力和圖像思考力。

哈佛大學發現人的大腦與肢體能夠互相影響，因此平時非常注重學生大腦的開發。想加強右腦開發的學生，不妨透過下列方法鍛鍊。

1. 養成左手做事的習慣

大多數人習慣用右手寫字，為了強化右腦，可以練習用左手寫字，這是訓練右腦最簡單且最有效的方法。

除了寫字之外，在日常生活中也要多活動身體左側。例如：嘗試用左手使用工具；搭乘大眾交通運輸工具時，改用左手握吊環或扶手；在家可以練習用左腳支撐站立；養成將錢放在衣服左邊口袋的習慣、用左手拿錢買東西等。此外，還可以練習用左手刷牙、梳頭等。

2. 刺激右腦小遊戲

可以改用左手猜拳，在左手姿勢不斷變換的過程中，能刺激和鍛鍊右腦靈活度。此外，經常鍛鍊左腿，例如：在地上畫兩個圈，在每個圈中放入數量相同、顏色不同的石子。兩位同學分別站在兩個圈中，以右腳單腳站立，並用左腳將石子一顆顆踢到對方的圈內，先完成者獲勝。如果左腳落地，就要在自己圈內加一顆石子。

3. 訓練左右腦協調

右腦控管創造性思考，但創新的過程也需要左腦參與，左右腦協調不好會影響創新開發。因此，可以透過左右手並用的打字訓練，或是需要雙手高度協調的樂器演奏，達到刺激左右腦的效果。

4. 常聽音樂

聽音樂也能開發右腦潛能，調整大腦兩個半球的功能。在做作業的同時，聽一些節奏舒緩的音樂，有助於促進左右腦在潛意識狀態下的協調能力。

5. 練習可以增強右腦功能的「左側體操」

第一式：活動左手指

伸出左手握拳→將握緊的拳頭鬆開→將拇指依次與其他各指的指端接觸。

第二式：左上肢側舉

雙腳自然站立↓左手側舉，與地面平行↓左手上舉↓還原。

第三式：左上肢前舉

雙腳自然站立↓左手上抬至左胸前↓左手上舉，與身體平行↓還原。

第四式：左腳側舉

雙手叉腰，重心放在右腳↓左腳向左側提起↓左腳伸直與地面平行↓還原。

第五式：左腳前舉

雙腳自然站立↓左腳前踢與地面平行↓還原

以上各個動作每次做二十遍，每天早晚做五分鐘。

增強右腦功能的左側體操

範例

圖一 左側體操第一式：活動左手指

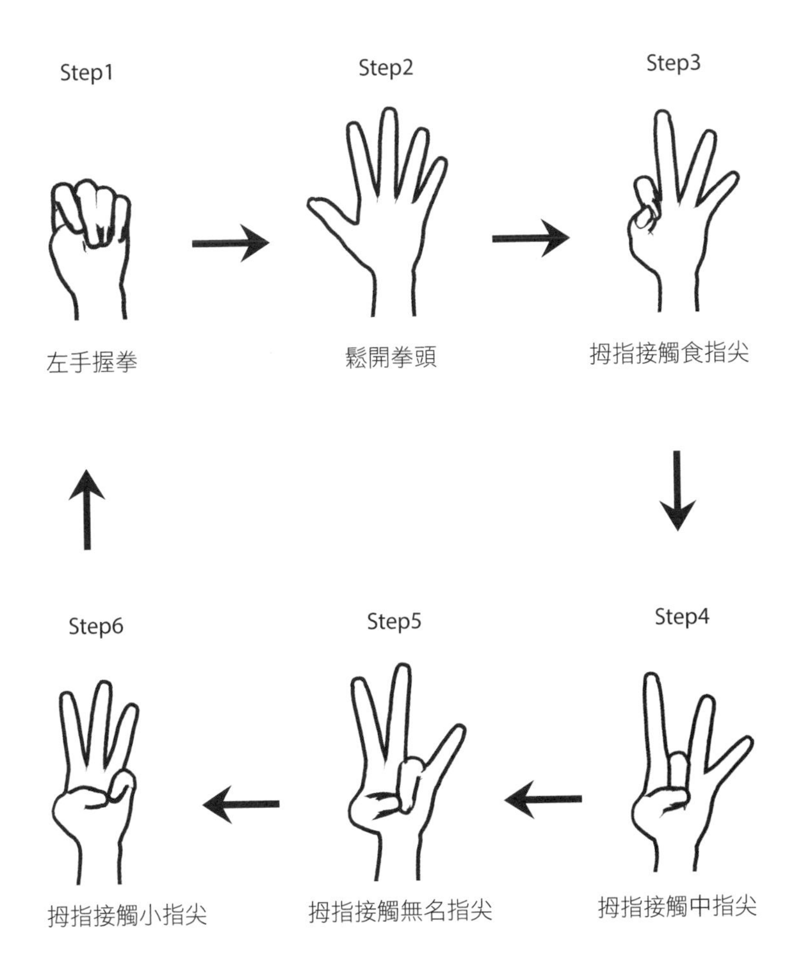
Step1
左手握拳
Step2
鬆開拳頭
Step3
拇指接觸食指尖
Step4
拇指接觸中指尖
Step5
拇指接觸無名指尖
Step6
拇指接觸小指尖

圖二　左側體操第二式：左上肢側舉

Step 1
Step 2
Step 3
Step 4
自然站立
左手側舉
左手上舉
還原

圖三　左側體操第三式：左上肢前舉

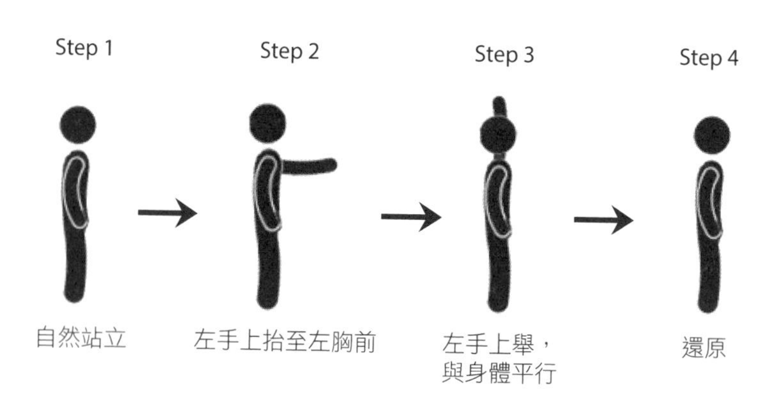
Step 1
Step 2
Step 3
Step 4
自然站立
左手上抬至左胸前
左手上舉，
與身體平行
還原

圖四 左側體操第四式：左腳側舉

Step 1
Step 2
Step 3
Step 4
雙手叉腰
左腳向左側提起
左腳伸直與地面平行
還原

圖五 左側體操第五式：左腳前舉

Step 1
Step 2
Step 3
雙腳自然站立
左腳前踢與地面平行
還原

6. 三維觀察訓練

使用3D卡片，訓練自己在一分鐘之內看出立體畫面。3D訓練可以有效將書中的平面內容變成立體，用這種方法快速翻書，能無意識地吸收書中的資訊。

哈佛心理測驗

測一測你右腦功能的開發程度。

Q1 以下科目中，你最喜歡哪一門？

A. 藝術　B. 語文　C. 數學

Q2 老師提出三個作文題目，你會選哪一個？

A. 科幻故事　B. 做一件有意義的事　C. 寫一篇製作玩具的說明書

Q3 你最想從事的職業是什麼？

A. 畫家或音樂家　B. 作家或攝影師　C. 工程師或科學家

Q4 聽過幾遍歌曲後，你會先記住曲調還是歌詞？

A. 記住曲調，沒記住歌詞　B. 曲調和歌詞都記住了　C. 記住歌詞，沒記住曲調

Q5 將筆的一端豎直向上後，伸直手臂並將筆尖瞄準窗框，接著閉上右眼，看鉛筆移動多少，再閉上右眼，看鉛筆移動多少。請問閉哪隻眼睛時，鉛筆的移動距離比較小？

A. 左眼　B. 沒有區別　C. 右眼

Q6 你能記住自己做的夢嗎？

A. 記得很清楚　B. 偶爾記住一些　C. 幾乎不記得

Q7 你說話時，常用手勢輔助論述嗎？

A. 經常　B. 偶爾　C. 幾乎不

Q8　你猜測時間的準確度如何？

A. 誤差大於十五分鐘　B. 誤差小於十五分鐘　C. 誤差在五分鐘以內

Q9　兩腳併攏坐下，兩手自然交叉於膝上，你的兩個拇指的位置為何？

A. 右手拇指在左手上面　B. 並排　C. 左手拇指在右手上面

Q10　你比較容易記得人的臉還是名字？

A. 臉比較好記　B. 沒有區別　C. 名字比較好記

答案分析

選A得五分，選B得三分，選C得一分。

將分數相加，總分愈高，說明你的右腦開發得越好。

6 與其忙於解決孩子的弱點，不如挖掘他的強項與興趣

鼓勵孩子的一句話

寶貝放錯了地方就是廢物，人生的訣竅在於找準人生定位。經營自己的長處能幫人生增值，經營自己的短處會使人生貶值。

——發明家、科學家 班傑明·富蘭克林（Benjamin Franklin）

諾貝爾物理獎得主丁肇中曾說：「興趣比天才重要。」從事最有興趣的工作，等於踏上通往成功的道路。只有在擅長或感興趣的領域中，才能取得非凡的成就。哈佛大學的教育向來是根據學生的興趣和喜好規劃課程，非常重視發掘和培養學生的天

賦。

美國作家馬克．吐溫（Mark Twain）曾試圖從商，但因為不擅長經營，加上屢次被騙，賠了將近三十萬美元，不僅把多年心血換來的稿費賠個精光，甚至債臺高築。他的妻子歐麗維亞．蘭登（Olivia Langdon）發現，丈夫沒有經商才能，卻在文學上有極高天賦。馬克聽從妻子的建議，重新走上文學的道路，最終在文學創作上取得輝煌的成就。

人生的訣竅在於找到發揮優勢的最佳位置。美國微軟（Microsoft）公司創始人比爾．蓋茲從哈佛休學後，經營電腦公司，如今常年蟬聯世界首富榜，取得的成功令人讚嘆不已。

善用自己的天賦，並集中精神於能力所及的事物，有助於提升效率。但遺憾的是，許多人把過多的精力浪費在不擅長的事情上，導致辛勤工作多年卻毫無成就。

每個人都有長處和短處，若花費太多時間精力尋找和改正缺點，而忽略發揚長處，豈不浪費自己的天賦？

許多勤奮的人不斷鞭策自己，竭盡全力想成為一個沒有缺點的人，到頭來卻發現付出和回報不成正比。每個人都有無可取代的特長，想要創造光明的未來，需善用自己獨特的創造力，並根據自身特點塑造自我特色，充分發揮才能。

正如泰戈爾所言：「你看不到自己，你所見的僅是你的影子。」有時候我們很難確立目標，甚至不甚了解自己的優勢。究竟該如何善用自己的天賦，在競爭中取得勝利呢？以下將介紹「三規兩可」的法則：

規律一：做事之前先摸清自己的性格

善用天賦的首先要條件是：知道自己的天賦是什麼。透過參加各項活動，或是與他人的相處，幫助自己有效了解自我。此外，性向測驗或職涯測驗也能在一定程度上，反映自己的長處。

規律二：朋友是一面最好的鏡子

平時，身邊的朋友對自己的態度如何？與朋友的相處是否愉快？也許你可以問他們為什麼喜歡和你在一起，或許是因為你誠實、正直，也可能是因為你的幽默、認真等。自己發現不到的優點，或許朋友都看在眼裡。經常與朋友談心，有助於更完整地了解自己。

規律三：自省幫助你發揮天賦

古人云：「吾日三省吾身。」就算做不到一日三省，也應定期思考自己的所作所為，養成反省的好習慣，有助於改善缺點、發掘天賦，更能深入了解自己。

可以把天賦融入生活中

假如你對數字敏感，可以試著運用在其他科目上。用你的強項幫助弱項，進而得到全面發展。每個人的天賦不同，融入的方法也不同，了解自己擁有什麼樣的武器，然後找出最適合自己的練習方式，將天賦融入到學習中，才能體會最大的快樂。

可以用天賦培養特長

天賦指的是天生擅長的東西。許多父母從小就讓孩子學才藝，希望能廣泛培養與趣和特長。事實上，如果我們掌握自己的天賦，並加以培養，勢必能達到事半功倍的效果，正如同哈佛大學致力培育專才而非全才。由於人的精力有限，只要能做好擅長的事就是一種成功。

世界上有眾多的領域，總會有一片天空適合自己飛翔。在短暫的一生中，無論如何東奔西走，最終用來登上成功頂峰的必是自己的天賦。在努力學習和進步的同時，更要好好利用優勢和長處，找準自己的定位。

哈佛腦力激盪

你了解你的大腦嗎？

Q1 大腦中最後一個神經元產生於何時？
A. 出生前 B. 六歲 C. 十八至二十三歲 D. 老年

Q2 下列哪些行為無法改善老年人的大腦功能？
A. 吃富含脂肪酸的魚 B. 定時鍛鍊身體
C. 每天喝一兩杯紅酒 D. 每天喝一瓶紅酒

Q3 哪一項是克服時差最好的方法？
A. 抵達目的地的當天下午便外出 B. 抵達目的地後第二個晚上服用褪黑激素

C. 抵達目的地後的幾個白天都不外出　D. 開著燈睡覺

Q4 大腦使用效率相當於以下何者？

A. 電冰箱的指示燈　B. 筆電　C. 空檔（注1）滑行的汽車　D. 高速公路上的汽車

參考答案

Q1 老年。

Q2 每天喝一瓶紅酒。

Q3 抵達目的地的當天下午便外出。

Q4 電冰箱的指示燈。

注1 亦可稱作N檔，代表車輛無任何檔位，具有緩衝作用。

NOTE

上天賜予每個人一本無字天書，
書中沒有現成的收穫，
卻藏有無盡的寶藏，
端看我們是否努力挖掘。

第2章

哈佛指導孩子思考，更重於傳授知識

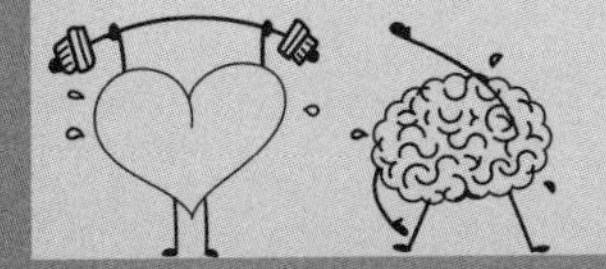

懂得思考，才能有效總結學過的知識！

鼓勵孩子的一句話

養成自省的習慣，從中尋找過失並改進，是走向成功的秘方。畢竟，自己找到的錯誤更容易接受。

——威廉・詹姆斯

思考是大腦最重要的功能，大腦在青少年時期經常處於高度運轉的狀態。在學習的過程中懂得如何動腦，才能有效地總結學過的知識。在長遠的人生路上，思考的力量是幫助你獲得成功的墊腳石。

哈佛大學享譽盛名的原因，在於透過與眾不同的思考方法，引領無數人士走向成功。以下的四條思考法則，是以哈佛傳授的創新思考為基礎，加以延伸擴展，總結出有效開發潛能的方法。

第一條：哈佛創新思考術

什麼是創新思考？創新思考指的是運用現有的知識和經驗，增長並開拓全新領域的思考能力。若想在學習和實踐中培養創新思考，首先要增強獨立思考的能力，擁有自己的見解和想法，而非人云亦云。

大部分的人都脫離不了兩個會阻礙獨立思考的特質：一是輕信，二是以自身經驗否定新事物。獨立思考是一切的基礎，學習根據事實說話，而非主觀臆斷或憑空猜測。

另外，培養獨創性也很重要，因為「新意」是區別你和他人的標籤。若想具備創新思考的能力，得擁有探索未知與發掘新鮮事物的勇氣，以及堅持不懈的探索精神。

第二條：哈佛轉換思考術

轉換思考指的是用多角度觀察，正所謂「思考一轉天地寬」，轉換思考方式能讓人生視野變得開闊。以下介紹三種不同的轉換思考法：

①從不同角度觀察，會得到不同結果。即使是相同事物的同個方面，根據切入點的不同，也會產生不一樣的看法。

②萬物都是客觀世界的一環，並存在著聯繫。看待任何事物，試著跳脫微觀，提高視野綜觀全局，會得到新的感悟。

③事物的發展存在各種難以預測的可能性，常常發生令人意想不到的改變。因此，要特別注意其發展趨勢，捕捉所有隱藏的可能性。

第三條：哈佛逆向思考術

逆向思考指的是反其道而行。凡是非以順序思考的，都能稱作逆向思考。狹義的逆向思考，指的是反向推論司空見慣或已成定論的事物和觀點，從而樹立新思想和新形象。

逆向思考是以出奇來制勝，不按常理出牌的想法經常能得到意想不到的結果。某家知名玩具商就利用逆向思考，取得偌大的成功。

一般人的認知中，兒童玩具應該是漂亮、天真、可愛、賞心悅目。但是，美國的一家玩具廠商卻打破這個規則，主打醜陋的玩具。

原來，這家玩具廠商的開發人員某天散步時，看到幾個小孩正津津有味地玩著一隻奇醜無比的昆蟲，他突然意識到：「原來小孩並不只喜歡漂亮的東西。」果不其然，醜陋的玩具一推出，立刻在市場上造成轟動。

培養逆向思考的首要是學會觀察，具備逆向思考能力的人往往擁有獨特的觀察力。每個人關注的焦點都不同，只有了解大眾如何觀察、如何思考，才能另闢新路、開拓創新。

除了學會觀察，還要了解事物之間矛盾的辯證關係。正如老子所說：「禍兮福所倚，福兮禍所伏。（注2）」在龐大、錯綜複雜的關係網中，事物之間存在各種矛盾與關聯。曾有個寓言故事這樣說：

某日，一群遊客在觀光時突然遇上草原大火。眼看火勢一發不可收拾地延燒，遊客幾乎陷入絕望。此時，導遊要求大家拔掉乾草，在周圍清出一塊空地，而自己則迎向大火，並在腳下點火。導遊身邊立刻升起一道火牆，同時向四周蔓延開來。

奇怪的是，火牆並沒有往導遊身上燒，而是朝著對向的大火撲去。由於遊客周圍的草已被拔光，火勢無法延燒過來，在兩個火牆碰撞後，火勢驟然減弱，最後漸漸熄滅。

第四條：哈佛發散思考術

美國心理學家吉爾福特（Joy Paul Guilford），在一九六五年提出「發散思考」（Divergent Thinking）的概念。發散思考又稱為輻射思考、擴散思考，意指人在思考問題時，以某個點為中心，沿著不同方向向外擴散，是一種開放式的思考術。

由於發散思考不局限於單一思路和角度，為思考者開闢廣闊的道路。這種思考術經常使用在發明創造、技術創新的場合。創新發明雖然如大海撈針，探索的方向愈廣，最終找到針的可能性也愈大。

現在請大家花十秒想想，一輛普通的腳踏車有什麼用途？你也許會回答，能當作交通工具、休閒運動、競賽項目等，但若以發散思考來聯想，你會發現它也可以是馬戲表演的道具、曬棉被用的架子、可活動的小攤販、鍛鍊身體的啞鈴等。

固守特定思考就像一隻在籃球上爬行的甲蟲，所見的是扁平世界，且永遠不會知道自己是在有限的球面上爬行。從遠方飛來的蝴蝶就如同發散思考，一眼看穿甲蟲重複的世界。在面對已知問題時，要以輻射狀思考探尋不拘一格的見解，進而真實地反映事物的構成關係。

注2　取自語本《老子》第五十八章。意指禍與福常相因而至，往往福因禍生，而禍藏福。（資料來源：教育部辭典）

哈佛心理測驗

哈佛畢業生、美國思想家拉爾夫・沃爾多・愛默生（Ralph Waldo Emerson）有一句名言：「你，正如你所思。」

思考能力是影響人生發展的核心力量。測一測你的思考能力如何吧！

Q1 小時候總會覺得大人的世界廣闊又自由，真希望自己快點長大。在你心中，最羨慕大人什麼？

A. 不必考試　B. 穿著打扮　C. 可以為所欲為　D. 權威感。

答案分析

選擇A的你想法與別人很不同。在討論一件事時，會考慮到一般人沒注意到的地方。若沒有知音，可能要獨自與團體奮戰。也許你會放棄溝通，遵循多數人走的路，但是一旦長期習慣順從多數，可能會錯失許多獨特的想法。

選擇B的你會注意到問題的細節。掌握大方向後，你的意見可以提升精緻度，達到近乎完美的境界。但是，你的完美主義常令其他人難以招架，有時會發生雞同鴨講的情況。

選擇C的你能迅速了解別人的想法，並擅長將抽象概念轉化為具體程序。你的領悟力加上執行力，讓所有人都感到佩服。

選擇D的你與選擇B的人恰好相反，在思考時習慣找出主要方向，因此很快就能對事情的全貌產生清晰的概念。但是，急性子的你在決定方向後，衝勁可能不如最初，執行力也容易變差，完成度往往不如預期。

2 哈佛學生都利用睡前五分鐘，「自我提問」來反省

鼓勵孩子的一句話

了解自己的優點和缺點可能需要很長的時間，過程也很痛苦，但這是人生中最重要的事之一。

——哈佛商學院院長 尼丁・諾瑞亞（Nitin Nohria）

年少輕狂的學生容易將一切視為理所當然，習慣為自己的所作所為找藉口。即使錯誤不斷，卻因為內心不甘而強詞奪理，一味逞強不願謙卑。

學會反省是走向成熟的第一步，懂得自省的人才能在不斷的修正中趨於成熟。犯

錯無可避免，只有每天堅持清理自身的負面因子，將自己融於陽光與朝氣的正能量理念中，才能像春天的小樹般欣欣向榮。有時心態與行為的轉變，僅在於簡單的一念之間：

米勒是一間私人宅邸的園丁，在聽說宅邸主人想換園丁後，變得格外沮喪，於是趁著休息日，找好朋友喬伊出來喝酒談心。喬伊聽了米勒的抱怨後問：「你知道他為什麼要換掉你嗎？」

米勒垂頭喪氣地說：「我承認有時候會因爲偷懶，而沒有好好整理草坪，花也沒有好好照顧。但聽到這個消息後，我更沒精神工作了。」

喬伊搖搖頭說：「你雖然在反省，卻沒有付諸行動。你的主人看不到改變，還是會開除你。倒不如從現在開始積極行動，顛覆他的印象。」

米勒雖然對這番話半信半疑，仍決定照著去做，每天認眞整理草坪、精心照顧庭院裡的花草。過了一段時間後，米勒開心地告訴喬伊，主人不只爲他加薪，還和他續簽三年合約。

自省是一種內在的梳理，若不想被生活支配，就要懂得經營自己的思考模式。任何不切實際的幻想，都不如腳踏實地過每一天。為自己的人生負責，才是給生活最好的交代。

舉例來說，和成績比自己優秀的同學相處時，除了體悟人外有人、天外有天的道理之外，也別忘記向他們看齊。學生生活何其忙碌，光顧著自怨自艾或妒忌自卑，很難得到收穫，懂得自省的人才能勇敢征服命運。

上天賜予每個人一本無字天書，書中沒有現成的收穫，卻藏有無盡的寶藏，端看我們是否努力挖掘。自省有助於學習和提升工作效率，還能及時發現問題、擴展自己的潛力。

每天睡前不妨問自己以下的問題，經過仔細思索與反省之後，或許能為你帶來繼續前進的力量，以及不一樣的好心情。（注：自省清單可參考下頁，空白表格可見八十頁。）

讓你持續進步的自省清單 範例

日期	2018.07.30	填表人	袁丸子

今天做了什麼

1. 幫忙做家事
2. 上課
3. 幫排球隊比賽加油
4. 考國文、英文小考
5. 社團成發預演

什麼沒做好？	該如何改進？
1. 下午地理課時打瞌睡 2. 英文考卷沒寫完 3. 成發預演時忍不住發脾氣	1. 晚上早點睡，午休不要玩手機 2. 英文單字和片語背熟，課本例句要讀仔細 3. 學弟妹第一次成發預演，難免會緊張出錯，自己以前也曾經被罵，在發脾氣前將心比心。

今天還有什麼該做的事沒做？

1. 20 個單字還沒背
2. 成發影片還沒剪完
3. 化學第三課還沒預習

應該對什麼事心存感激？

1. 身體健康、平安
2. 媽媽每天削水果給我吃
3. 社團同學幫忙大家採買
4. 排球隊得第一名，為校爭光

◎仔細回想自己的一天，即使是瑣碎的活動也可以記錄下來。

◎透過自省，審視自己在哪些方面有所不足，並思考解決方法，從而提升自我效率，以及情緒管理的能力。

讓你持續進步的自省清單

日期		填表人	
今天做了什麼			
什麼沒做好？		該如何改進？	
今天還有什麼該做的事沒做？			
應該對什麼事心存感激？			

養成每天睡前自省的好習慣，會將你帶入高效有序的工作狀態。就像用磚頭蓋房，日積月累，也會為你築起成功的堡壘。究竟如何透過自省讓自己進步？首先必須要帶著嚴肅的責任感，為自己的行為負責。

有位牧師曾問林肯：「在這個多事之秋，一想到上帝是站在我們這邊，您是否感到慰藉？」林肯的回答出乎所有人意料之外，他說：「我不擔心上帝是否站在我們這邊，我想知道的是，我們是否和上帝站在同一邊。」

如果我們能了解自己、定期整頓自己，就能漸漸看清周圍及事物間複雜的關係。但是，有很多人短視近利，在食衣住行上欲望高築，僅將中短期目標看作通向長遠目標的臺階，不願盡力而為。我們應避免眼高手低，才不會迷失人生方向。

追求別人的理想，內心很難得到快樂，然而在繁忙的生活中，多數人傾向聽取導師或同行的意見，甚至在所屬群體中尋求庇護，試圖擺脫勞心費力的思考。但不得不警戒的是，集體或共同的自私往往比個人的自私更加危險。

人類是群居動物，但我們不應像綿羊一樣按照群體的衝動輕舉妄動。人有獨立思考、權衡推理的能力，甚至能一定程度地預見未來，並反思行為與後果。在合情合理的情況下，不吝提出個人意見更顯得至關重要。

命運有如水流，雖然途中會碰上漩渦、分流和淺灘，彼此卻有連續性。聰明人的生活藝術，無非是盡量避開那些漩渦與淺攤。有勇氣、有信念又勤奮的人總是活在當下，努力在生命中扮演不同角色。為了穿透未來的迷霧，他們在畢生的學習與工作中，努力注視著宏大的目標，使人生的終極目標與其一致。

哈佛心理測驗

每個人都對自己的未來抱持不同的期待。你目前最期待的事是什麼呢？

1. 你假日是否固定出遊？
是——請跳至第二題　否——請跳至第三題

2. 選擇電器用品時，你通常會考慮以下何者？
品牌有保障——請跳至第四題　便宜耐用——請跳至第六題

3. 心情不好時，你會和朋友去唱歌嗎？
會——請跳至第二題　不會——請跳至第五題

4. 你常看娛樂節目嗎？
是——請跳至第九題　否——請跳至第七題

5. 你是否常有輕生的念頭？
是——請跳至第十題　否——請跳至第六題

6. 你會看新聞嗎？
會——請跳至第七題　不會——請跳至第八題

7. 在學校上課時，你常期待趕快下課嗎？
經常——請跳至第八題　偶爾——請跳至第九題

8. 放學後，你通常直接回家嗎？
直接回家——C型　四處逛一逛再回去——請跳至第十題

9. 你善於管理零用錢嗎？

是——A型　否——B型

10. 對於路上橫行霸道、不守規矩的車，你是否常感到憤怒不滿？

是——D型　否——C型

答案分析

A型：最希望學業有成。你對現在的學習充滿熱情、期望和精神活力，也十分享受生活和規劃人生。或許你可以透過閱讀或網路獲得資訊，讓心靈跟著成長。多幫助需要幫助的人，好運就會一直在身邊。

B型：最想要感情順利。趁著年輕努力固然重要，若有問題時，試著多和對方溝通，你會發覺其實沒有那麼困難。另外，提醒你注意身體健康。

C型：最盼望考試順利。目前你可能還在徘徊，或是不滿意目前的學習狀態。你需要多花點心思在學業上，多和朋友交流，你將發現自己的能力其實不差。

D型：最需要放鬆心情。你目前的壓力頗大，使你不管做什麼都覺得礙手礙腳，好像什麼倒楣事都發生在你身上。你的情緒不穩定，甚至有點反覆無常。可以試著做一些平時不會做的事，讓生活多點改變，有助於減輕焦慮和不安。

3 EQ差、挑剔的人向外要求，EQ好、自省的人向外學習！

鼓勵孩子的一句話

人們並非命運的囚徒，而是他們自身思考的囚徒。

——美國前總統 富蘭克林・羅斯福（Franklin. D. Roosevelt）

《路加福音》（*Gospel of Luke*）中有這樣一句話：「為什麼只看見弟兄眼中的刺，卻不想想自己眼中的梁木？」所謂反省，就是審視及評價自己的思想與行為，並且改正過失。當今深具影響力的心理學家加德納強調：「內省智慧強的人能客觀地剖析自我，意識自身內在的情緒、意向、動機、自律、自知和自尊的能力，了解自己的優劣，進而謹慎地規劃一生。」

不過，不少人都缺乏這種自我省察的能力。例如：有時沒有惡意，脫口而出的隻字片語卻成為傷害他人的利刃。

亞里斯多德說：「**如果從來不反思自己的生活和行為，我們不過是時代主流思想下的機械而已。**」俄國著名小說家安德列耶夫（Leonid Andreyev）則說：「一個人最大的勝利，就是戰勝自己。」安德列耶夫認為自省是一面鏡子，能將我們的錯誤清楚地映照出來，使我們有機會改正。

宋朝大慧普覺禪師也曾指出，學道人應自省而非挑剔他人，若能經常反省自己，人生將不再有看不清的道理。關於自省的重要性，哈佛流傳過這樣一個故事：

有位女士養了一隻漂亮的鸚鵡，但是牠經常發出又吵又難聽的咳嗽聲。女主人以爲鸚鵡生病，就帶牠去看獸醫，奇怪的是，獸醫並未檢查出任何疾病。

原來，患病的不是鸚鵡而是主人，因爲她煙癮大、經常咳嗽，鸚鵡的毛病其實是唯妙唯肖地模仿她的咳嗽聲。女主人看不到自己的問題，不懂得反省，而把健康的鸚鵡送去醫院。

美國演說大師戴爾・卡內基（Dale Carnegie）提出：「每個人生來皆擁有約百分之八十的優點，和百分之二十的缺點。當一個人只看到缺點，不懂得發掘優點，就會養成挑剔他人缺點的習慣，無法維持良好人際關係，生活也很難快樂。」

日常生活中，許多人從來不反省。他們不學習他人的成功經驗，也不懂得吸收失敗教訓，更不會認真反思。這樣的人生既沒有目標、更沒有進步，每天都像是前一天的重複。

自省是良好的處世態度，懂得反省的人能夠聽取他人的建言，讓自己不斷進步，而身居高位者更要時常自省。教育家陶行知曾提出「每天四問」：

第一，我的身體有沒有進步？

第二，我的學問有沒有進步？

第三，我的工作有沒有進步？

第四，我的道德有沒有進步？

首先要注意身體狀況，因為健康是一切的資本，忽略健康等於消耗生命。其次，要時時關心自己的學問，因為知識是活力源泉，學問的貫通對自己或他人都有益處。第三個問題是關於工作，因為工作的好壞對生活有巨大影響。最後要問的是道德，道德是做人的根本，根本壞了，即使學問和本領再大，都是徒然。

關於自省的重要性及優點，可從以下故事中得到借鏡。

戴蒙常帶小狗雷利到附近的森林公園散步，由於公園人少，雷利又很溫順，因此戴蒙沒有按照規定為牠繫上背帶和牽繩。這天，雷利一如既往在公園自由奔跑，不小心撲到肖恩身上，很不幸的是，肖恩是一名員警。

當肖恩看見雷利「一身輕裝」，立刻對戴蒙說：

「你的狗沒有繫上背帶和牽繩，還在公園裡亂跑，你知道這樣是違法的嗎？」

「沒這麼嚴重吧！雷利很溫順！」戴蒙回答。

「要是牠傷害公園裡的小動物或兒童，該怎麼辦？」肖恩又說。

戴蒙自知理虧，於是說：「非常抱歉。我的確做錯了，眞的非常感謝您的提醒。要不然您處罰我吧？」

肖恩見戴蒙態度放軟，態度也緩和下來，說道：「我知道周圍沒人的時候，讓心愛的狗自由奔跑是件誘人的事。」

「是的，我就是沒經得住誘惑才犯錯。實在很抱歉！我疏忽了，這裡可能會有其他動物和兒童。」戴蒙歉疚地說。

「算啦，你的小狗也不算大。你可以讓牠跑過前面那座小山，那裡沒什麼人會去，我也看不見牠。不過，僅此一次，下不爲例！」肖恩說。

戴蒙聽後千恩萬謝，並讓雷利做出揮手感謝的動作。肖恩笑著問戴蒙：「這可愛的小傢伙叫什麼？」

「雷利。」戴蒙笑著說，同時伸出他的手：「我叫戴蒙，很感謝你的幫助。」

「我叫肖恩，」肖恩也伸出手說：「有時間再聊吧。」

戴蒙和肖恩成爲朋友，當然雷利從此都全副武裝出門了。

自省能寬廣我們的心胸、通達我們的智慧。人難免有缺點，但如果能經常審視自己、防微杜漸，既能改善不良習慣，同時能養成良好的修養，讓身心健全地成長。

哈佛心理測驗

你知道自己性格的弱點在哪裡嗎？

Q1 假如有一天，上帝答應幫你實現一個願望，你會選擇下面哪一個？

A. 擁有真心朋友　B. 擁有可以一起玩的朋友　C. 讓自己的錢增值十倍

D. 學會一門技術　E. 身材、臉蛋變漂亮

答案分析

選A的你內心常感到空虛，性格較為自閉。建議你開放自己的內心，也許能找到填補寂寞的方法。

選B的你不太擅長表達，在人多的場合會顯得不知所措。你性格上最大的弱點就是過於內向，只要大膽地打開話匣子，會發現開朗原來並不難。

選C的你是個慾望強烈的人，性格上最大的弱點就是貪婪。對金錢的渴望也許短期內會讓你賺點錢，但長期下來容易吃虧。

選D的你擅長交際，對技術卻不自信。你性格上最大的弱點就是無法專心，不妨每天沉思二十分鐘，或試著進行能培養耐心的運動，也許會有幫助。

選E的你是個在乎外表的人，性格上最大的弱點就是太在意別人的看法。外表不是最重要的，不妨充實自己的內心世界，你會發現除了外表還有廣闊的一片天。

NOTE

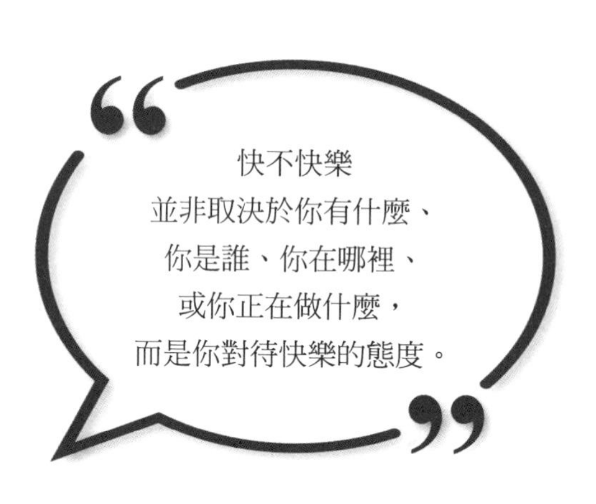
快不快樂
並非取決於你有什麼、
你是誰、你在哪裡、
或你正在做什麼，
而是你對待快樂的態度。

第3章

孩子學會管理情緒，才知道快樂是什麼

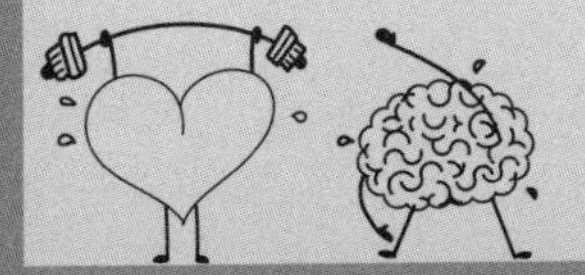

升學壓力、家長期許，令孩子喘不過氣嗎？

鼓勵孩子的一句話

熱忱可以改變一個人對他人、工作、社會及全世界的態度。

——威廉・詹姆斯

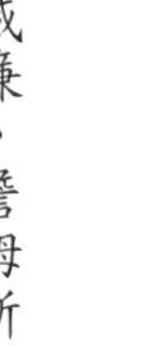

有人常用「我煩得要死」，表達自己內心極度的憂慮。長時間過度煩憂的確容易罹患疾病。某位醫生曾表示，他有一半以上的病人都患有憂鬱症，其中一位病患身體狀況日益惡化，因為抵抗力不足，導致膚色變得灰暗、眼睛失去光彩，他最致命的問題在於長期心懷憤恨。由此可知，許多人因為情緒和精神狀況不佳，而引起疾病。

心理不健康、情緒不穩定，會嚴重妨礙身體機能，長期被壓抑的情緒成為疾病的催化劑。時常感到力不從心的原因，往往在於心中累積過多的負面情緒，使健康遠離自己。

哈佛的醫學專家發現，身心健康的人更樂於承受壓力，因為充沛的精力有如引擎，面對壓力和挑戰時能給予動力。相反地，長期處在緊張壓抑的狀態，會感到消沉和疲勞，也會減弱身體的抵抗力。憤恨、苦悶、恐懼等負面情緒如同有害物質，侵蝕著身心健康。

不管是升學、同儕相處、家長期許，還是自身理想，生活中充斥著許多壓力，這些壓力是成長的養分，但不健康的心理可能讓這些養分成為壓垮自己的包袱。

心理學家指出，壓力是一把雙刃劍，能讓我們更有效率地完成工作，卻容易損害身心健康。當人們迫切需要實行某事時，大腦會重新調配身體資源以完成任務，在身體調配完後，洞察力、注意力、體力和反應會隨著增強，耐力也相對提升。但是，當壓力累積到身體難以負荷的程度時，身心健康便亮起紅燈。

哈佛大學的心理學專家認為，解除精神壓迫有以下幾種方法：

1. 提高抗壓能力

精神壓力的大小與抗壓能力剛好呈反比。面對同樣的外界壓力，抗壓能力愈強，感受到的精神壓力愈小。相反地，抗壓能力愈弱，感受到的精神壓力就愈大。想提高抗壓能力，應該把困難看作生活的一部分。人生樂章一旦注入不畏困難的旋律，縱使層巒疊嶂，也難以使人止步。

2. 確定自我志向

在確立自己的目標和標準後，要特別注意，如果志向定得過高或脫離實際，容易遭遇失敗，形成精神上的壓力。但是，若定得太低，也會失去進取心、變得平庸。看低自己且故步自封的人容易遭受輕視，久而久之，新的精神壓力又會襲來。

3. 強化意志也不忘寬以待己

人的意志會在戰勝自我、抵抗外界壓力的過程中閃耀，而卓越者往往能在艱難處境中百折不撓。但是，戰勝自我和寬以待己並不互相矛盾。要戰勝自己的弱點，首先要善於寬待自己，不背負過大的精神壓力。意志的強者同時也是寬以待己的智者，該苛責時苛責，該寬容時不吝寬容。這種心理調適的藝術也是良好的自我修養。

那麼，一旦精神壓力過大，該如何及時消除呢？想要緩解緊繃情緒，可以採取以下三種方式：

1. 自我宣洩

有人在失戀時，會奮筆疾書傾訴痛苦，寫完後內心如釋重負、頓感輕鬆。有人遇上突如其來的悲痛事件，會乾脆抱頭痛哭一場，哭完心裡也好受許多。要特別注意，自我宣洩不能有損他人利益，或是糟蹋自己、甚至自殘。

2. 請人疏導

人對自我的認識往往有限且模糊，若有精神方面的困擾，切莫悶在心裡，可以找朋友、親人傾訴心事。儘管問題未必能立即解決，但是心中的疙瘩能得到緩解。如果將痛苦、困擾放在心裡，只會增加精神壓力，最後不堪重負。

3. 代償遷移

透過從事其他活動，例如：寫作、繪畫，或者埋頭工作等，轉移因挫折、失敗、困難造成的精神負擔，能減輕痛苦和壓力。

生活中有很多不如意，想讓自己輕鬆一點，需要學會自我調節和適時減壓。人生最大的快樂在於找到目標，充滿朝氣地工作，而步向成功的路途需要健康的身心與精力。求學或職場打拚就像攀爬高山，如果體力不支，就只能停在半路，永遠到不了山頂。

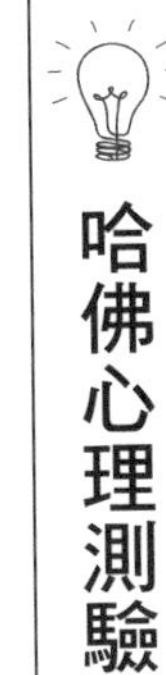

你是否具有良好的心理適應能力？

Q1 一件重要的東西不見時，你會怎麼做？

A. 開始地毯式搜索　B. 把可能的地方找一遍　C. 鎮靜回想可能放在哪裡

Q2 當你急著上課，半路卻遇到塞車時，會感到急躁不安嗎？

A. 會　B. 不會　C. 設想老師會體諒你是不得已才遲到

Q3 收到學校教務處的信，你會怎麼做？

A. 裝作沒看到　B. 推給其他人處理　C. 自己弄清緣由

Q4 你向來用水性筆寫字，現在要你換成鋼筆書寫，會感到不習慣嗎？

A. 會　B. 有點不順手　C. 沒什麼差別

Q5 你在大會上演說，與在教室裡講話相比：

A. 遜色多了　B. 不一定　C. 沒什麼差別

Q6 聚會時發現現場全是陌生面孔，你感到尷尬嗎？

A. 會　B. 剛開始有點不自在，但能相談甚歡　C. 積極加入

Q7 到了交作業的最後期限，你的表現如何？

A. 錯誤百出　B. 盡量維持正確度　C. 更有效率

Q8 剛與人脣槍舌劍，你會被影響嗎？

A. 會，工作效率大減　B. 轉移注意力，卻難免出神　C. 不受影響，專心工作

Q9 到其他縣市實習時，你會失眠嗎？

A. 和在家沒差別　B. 有時會失眠　C. 經常失眠

Q10 分班之後，儘管你很努力念書，效率卻沒有以往的高嗎？

A. 是　B. 不一定　C. 不是

Q11 學校行事曆做了調整，你會覺得不習慣嗎？

A. 會，長時間感到紊亂　B. 剛開始不習慣　C. 不會，很快就習慣了

Q12 和朋友約好喝咖啡，他卻說不能來，你會怎麼做？

A. 總在想這件事　B. 打電話約其他朋友　C. 既來之則安之，自己喝

Q13 你正在看書，外面突然很嘈雜，你會分心嗎？

A. 會　B. 看吵鬧的程度　C. 只要與我無關，照讀不誤

得分計算

A得五分，B得三分，C得一分

答案分析

15～24分：適應性強，遊刃有餘。

25～47分：適應性中等，事物的變化不會使你失去平衡。

48～65分：適應能力差，不習慣世界的變化和生活的摩擦。

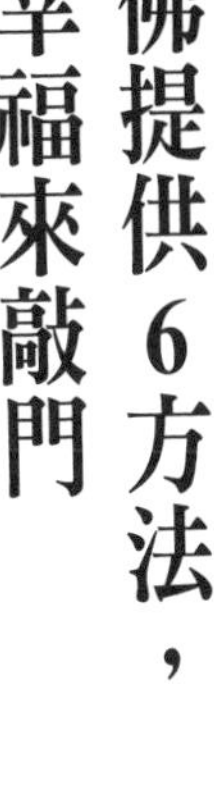

2 哈佛提供6方法，讓幸福來敲門

鼓勵孩子的一句話

情緒指引行動，但其實行動與感情可以互相作用。快樂並非來自外力，而是源於內心，因此當你不快樂時，可以試著調整內心，選擇讓自己快樂。

——哈佛大學公共衛生學教授 大衛・威廉斯（David R. Williams）

哈佛大學心理學教授指出：「歡樂不等於快樂，歡樂無法令我們得到心靈上的解脫。」在生活中，許多人總是把歡樂與快樂畫上等號，但事實上，這兩者的共通處並不多。

歡樂是人們得到的即時感受，快樂則往往是一種成就感。到遊樂園玩，或者看球賽、電影或電視，有助於放鬆身心、忘卻煩惱，但不一定會帶來快樂，這兩者的區別在於持續時間的長短。

如果將短暫的歡樂當作快樂，並將任何苦痛視為不快樂的根源，反而錯失得到真正快樂的機會。因為能為人生帶來快樂的事物，往往蘊含痛苦的元素。

一位作家曾寫道：「我當然也愛尋歡作樂，喜歡打網球、愛開玩笑，還有許多嗜好，但這些歡樂並未真正令我快樂。反而是較困難的事情，例如：寫作、撫養子女、促進夫妻關係、慈善公益等，獲得的成就感遠大於短暫的歡樂。」

哈佛教授塔爾・班夏哈（Tal Ben-Shahar）指出：「我們所做的一切不只是為了追求快樂與逃避痛苦，若能改變對快樂及痛苦的認知，結果將截然不同。」

擁有積極樂觀的心態是成功的關鍵，當我們面對挫折或困難時，不妨轉變心態，因為快樂的關鍵在於自己。

拿破崙得到無限榮耀、權力和金錢之後頹然地說：「我這一生從來沒有一天是快樂的。」美國知名講師海倫・凱勒即使失明又失聰，卻說：「生活是這麼美好。」卡內基指出：「快樂與否取決於自己的生活態度！」

哈佛心理學家說：「當你認為自己處於某種狀態，它就會變得更加明顯。」也就是說，如果你認為自己很可憐，你的生活就愈來愈痛苦，如果你相信自己很快樂，你的生活也會變得幸福。

哈佛積極心理學的先驅之一菲力浦・斯通（Philip Stone）教授指出：「使你快樂或不快樂的，是你對它的想法。」他經常跟學生講述以下故事：

有一天，吉米開車去加油站加油，那天天氣很好，他心情也很不錯。突然，加油站的一名年輕人問他：「你的身體好嗎？」

「我覺得很好啊。」吉米回答。

「你好像生病了！」年輕人說。

「我覺得很好啊，再好不過了。」這次吉米的回答卻沒有前一次那麼自信。

「你看起來很糟，氣色差，臉還泛黃。」年輕人說。

吉米加完油後開車離開，但還沒到下一個路口，就忍不住停下車來照鏡子，檢查自己的臉是否眞的發黃。

回到家後，吉米繼續尋找臉發黃的原因，忍不住擔心：「也許是肝有問題，我可能病了卻還不知道」，並爲此有些焦慮。但是，當他第二次到那間加油站時，發現加油站牆上刷的是黃色油漆，才使得到那裡的每個人都變成黃臉。

這件事讓吉米發現，再好的心情也可能會被陌生人的一句話輕易改變，原來言語能有這麼大的力量！

哈佛大學心理學家埃倫・蘭格爾（Ellen Langer）指出：「生活中大概有百分之九十的事情是對的，只有百分之十是錯的。如果想得到快樂，我們應該把精力放在百分之九十正確的事情上，而不要理會那些錯誤。」

快不快樂並非取決於你有什麼、你是誰、你在哪裡，或你正在做什麼，而是你對待快樂的態度。以下介紹六種不快樂人格，以及變快樂的方法：

1. 認知偏差型

認知上有偏差，是指認為自己「注定不會快樂」、「快樂會帶來災難」、「不配享受快樂」等。如果有上述想法，可以用「**認知改正法**」換位思考。享受快樂並不是某個人的特權，若你覺得快樂未曾光臨，千萬別認為自己被上天遺棄，而要反省是否將它拒於門外。

2. 目標障礙型

造成不快樂的原因在於不知道自己的人生目標，或者因為目標不合適而做出背離快樂的事，使自己陷入困境。人生目標出現障礙是一件痛苦的事，尤其是剛出社會的年輕朋友，容易感到困惑。若有相似的痛苦，可以用「**目標定位法**」緩解。

目標定位法是結合自身特質與職業特點，幫助明確人生目標。其次，根據社會的需要，確立期望達到的目標方向。

3. 感覺遲鈍型

感覺遲鈍是指對生活感到麻木，即使快樂一直在身邊，卻總是難以察覺。如果出現這種情形，可以採用「**啟動感覺法**」。美國心理學家讓快樂缺失症患者寫日記，用這種方法治療一段時間後，患者重新開啟對事物的感覺，生活中也多了幾分快樂。

4. 憂慮積鬱型

很多時候，憂慮積鬱在胸，堵塞了快樂的神經通路。若有這樣的困擾，不妨採用「**欲擒故縱法**」。美國心理學家有項治療憂鬱的獨特方法：並非勸憂鬱患者不要憂鬱，而是請他們每天撥出一段專門憂鬱的時間，用憂慮對抗憂慮。採用這個方法一段時間後，發現人們不會將所有心思沉浸在憂鬱情緒中。

5. 思考刻板型

思考刻板的人不快樂，可能與看事情的角度有關。無法從新的角度發現快樂，是經常憂心忡忡的原因。如果遇上這種情況，可以採用「**轉換視角法**」。從某個角度看事物也許會引起消極情緒，但可以試著尋找積極的意義，使負能量轉為正能量，這正是「轉換視角法」的妙處。

6. 表情陰鬱型

經常把內心憂鬱寫在臉上，快樂將難以走入心中。如果想消除臉部和內心的陰鬱，可以試試「**嘴角上揚法**」。稍微調整一下情緒，將嘴角盡力上揚，保持較長時間，一秒、五秒、三十秒。當你有意調整臉部肌肉，內心的情緒狀態也會隨著改變，進而減緩消極情緒。

人生充滿酸甜苦辣，如果你覺得不快樂，就付諸行動，找回屬於自己的幸福吧！

哈佛心理測驗

美國心理學博士費爾・麥格羅（Phil McGraw）曾在歐普拉（Oprah Gail Winfrey）的節目裡，提出一組著名的費爾性格測試，而回答這個測試的問題時，一定要按照目前的實際情況作答。

測試一下你的性格吧！

Q1 你在什麼時候感覺最好？

A. 夜裡　B. 傍晚　C. 早晨

Q2 你習慣怎麼走路？

A. 大步快走　B. 小步快走　C. 低著頭慢走

Q3 你和人說話時會有什麼習慣？

A. 碰或推與你說話的人　B. 抱著手臂站著　C. 雙手緊握

Q4 當你坐著休息時，雙腿會怎麼擺放？

A. 兩腿伸直　B. 兩腿交叉　C. 腿蜷在身下

Q5 碰到引人發笑的事，你會怎麼表現？

A. 宏亮大笑　B. 雖笑出聲但音量不大　C. 輕聲地笑

Q6 在派對或社交場合，你會怎麼出場？

A. 大聲引起注意　B. 安靜入場，找認識的人　C. 非常安靜，不被注意

Q7 當你專心工作時，如果被其他人打斷，會有什麼反應？

A. 回應他的請求　B. 看心情決定要不要回應　C. 非常惱怒

Q8　你最常夢見自己做出什麼行為？

A. 落下　B. 找東西或人　C. 打架或掙扎

得分計算

A得三分，B得二分，C得一分

答案分析

9分以下：內向的悲觀者，優柔寡斷、杞人憂天。

10～14分：缺乏信心、挑剔、謹慎小心。

15～19分：經常透過以牙還牙保護自己，為人明智謹慎、注重實效。

20分以上：活潑、容易衝動、自我中心，能夠迅速做出決定。

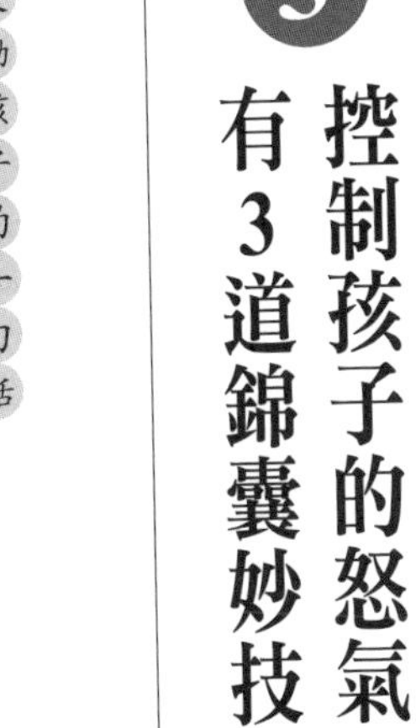

3 控制孩子的怒氣，有3道錦囊妙技

鼓勵孩子的一句話

偶爾憤怒並不是件壞事。

——哈佛大學心理學教授 威廉．波拉克（William Pollack, Ph.D.）

生活中總會遇到一些不順心的事，如果長期壓抑自己，不將積鬱的情緒釋放出來，會對身心造成很大傷害，除了使自信心受到打擊，甚至影響到身體健康，引起高血壓和心臟病等。

管理情緒最重要的就是克服憤怒。大家都不想讓自己的憤怒爆發，總試圖用各種方法，控制和抑止自己的怒氣。憤怒只是情緒的冰山一角，主要由害怕、怨恨或不安等情緒引發。憤怒無可避免，我們不該予以壓抑，而要找到引發怒氣的根源。心理學家將憤怒情緒分成三種類型，並列出破解每一種憤怒的辦法：

1. 爆發型憤怒

「如果你再亂扔髒襪子，我就搬出去住！」你是否曾因為類似事情感到生氣呢？其實亂丟髒襪子只是把你逼到理智邊緣的導火線，真正的主因是當時煩躁的情緒。該如何避免爆發型憤怒呢？

研究發現，憤怒持續的時間一般不超過十二秒，在這十二秒內，首先要等待怒氣消解。可以嘗試深呼吸，或者在心中默念倒數，讓怒氣自然消散。也可以換一種說法表達自己的憤怒，例如：以「我對你的行為感到非常失望」，來代替「你簡直就是蠢貨！」這比口不擇言顯得更理智，也更有力量。

2. 隱忍型憤怒

這種情緒煩躁的症狀是，即使內心有無數憤怒的火球，仍面帶微笑，不露痕跡地掩藏內在真實的情緒。習慣性地隱忍往往與家庭教育有關，應善於忍耐、不要輕易發脾氣等教育方針，是形成隱忍型憤怒的主因。

如何避免隱忍型憤怒帶來煩躁情緒呢？如果被人責備，可以用積極、有建設性的語言反擊。對方剛開始也許會感到吃驚或生氣，但之後會逐漸習慣你表達情緒的方式，適當地抒發情緒比一味隱忍更健康。

還可以嘗試挑戰容忍底線，反問自己：「老師因為我未完成作業而指責我，是為了我好嗎？」「我每個週末都在玩電腦遊戲，對學習有幫助嗎？」正確認識對與錯，是開始改正的第一步。

此外，可以採取「置身事外法」來調節情緒。想像你的朋友長期被主管批評，無止境加班卻被漠視，他該如何調整自己的情緒，並解決問題呢？列出清單，寫下他可能採取的行動，接著反問自己：「如果我也遭遇一樣的情況，這些方法是否可行？」

3. 嘲弄型憤怒

嘲弄型憤怒常見的情景是：面帶微笑並用尖銳的語句諷刺對方。習慣用嘲弄表現憤怒，是因為生活經驗告訴自己不該直接表達負面情緒，因此拐彎抹角地轉化自己的不快。然而，嘲弄其實是被動的攻擊性溝通，非常容易傷害對方，尤其是親近的人。

如何避免嘲弄型憤怒帶來的負面影響呢？首先要學會直截了當地表達想法。例如：等待愛遲到的朋友時，在對方抵達之前，先在心中練習表達不滿的話語，以避免在看到朋友後，直接尖銳嘲弄。堅定且清晰表達內心真實想法，比嘲弄更奏效。

人生是多回合的連續博弈，為了爭取下個回合能有更理想的結果，我們需要用更好的方式排解憤怒。總而言之，憤怒只是情緒的分支，如果不好好控制，苦惱和孤獨將充斥在生活中。

哈佛心理測驗

哈佛醫學院的研究發現，負面情緒會導致免疫能力下降。急躁的性情常會伴隨焦慮、緊張、恐懼等負面情緒。測一測你是否有急躁的不良性情。

Q 你今天有急事，但等待的車遲遲不來，這時候你會有什麼反應呢？

A. 不斷地來回走動
B. 站在原地不動，不停地看時間
C. 不耐煩地交叉雙臂於胸前
D. 手插口袋，一副事不關己的樣子

答案分析

選擇A的你處事果斷，是標準的急性子。雖然你精力充沛、鬥志高昂，卻常常草率急躁而做錯事。你與朋友相處時，雖然真心誠意，但有時因心直口快，在無意間傷害對方，因此很難建立深厚的友誼。

選擇B的你做事極有分寸，但是過於呆板。嚴以律己的你很有耐性，對工作認真負責、對朋友盡心盡力。你擁有不錯的人際關係，學業方面也能取得成功。但是，嚴格且一本正經的個性，偶爾會讓他人受不了。

選擇C的你擁有良好人際關係，堅持己見並重視策略，在達到目的的同時，也能讓對方心服口服。良好的人際關係讓你在各方面表現出色，屬於剛柔並濟的智慧型人物。

選擇D的你十分有耐心，但是過分寬容。你對家人和朋友既溫柔又體貼，但最大的缺點就是缺乏原則，不夠堅持自己的觀點，有時顯得有點軟弱。你身邊的朋友或同學常覺得你很好欺負，讓你莫名其妙吃了不少的虧。

4 克制衝動的魔鬼，規律與運動是良方

鼓勵孩子的一句話

了解和控制情緒，遠比智商的作用更大。

——丹尼爾．高曼

不知道你有沒有這種經驗：明明平時覺得學會了，考試時卻出錯。除了懊惱之外，還應該仔細探究發生這種情況的原因。事實上，這與心態有很大的關係。若想在考試中脫穎而出，必須做個競賽型選手，掌控自己的緊張情緒。

並非所有人都能妥善控制情緒，人在情緒失控時，會變得緊張、擔憂、害怕，甚

至歇斯底里，犯下無可挽回的錯誤。若能掌控情緒，等於掌握了自己的人生。

俗話說：「衝動是魔鬼。」許多人在情緒衝動時，往往會做出令自己後悔不已的事。緊張是正常的心理反應，但我們不能被情緒支配，也不能讓太多消極的心境左右人生。高曼教授提出以下七點建議，教大家有效控制和疏導緊張的情緒：

1. 尋找緊張和憂鬱的原因

要紓解悶悶不樂或憂心忡忡的情緒，首要就是找出主因：

二十九歲的法蘭西斯是廣告公司職員，她一向個性溫和，有一陣子卻每天感到焦慮緊張，對同事和丈夫也沒好臉色。對此她感到很無奈，卻無法控制。後來她發現，原來擾亂心境的主因是擔心自己被公司裁員。

法蘭西斯說：「儘管我已被告知不會受到影響，但心裡仍感到隱隱不安。」法蘭西斯找出問題的癥結點後，覺得輕鬆許多，並發現事情並沒有想像得那麼糟。

2. 遵循規律

加州大學心理學教授說：「許多人都將自己的情緒歸因於外部，但情緒可能也與生理節奏有關。我們吃的食物、健康水準及精神狀況都會影響情緒，甚至一天的不同時段也會出現迥異的心情。」

教授又發現，晚睡會讓情緒變得更糟。人的精力在早晨處於最高峰，午後開始下降。教授說：「某件壞事也許不一定使你感到煩心，但它往往會在你精神狀況最差時影響你。」

3. 睡眠充足

最近一項調查發現，美國成年人平均每晚的睡眠時間不足七小時。睡眠不足對人的情緒影響極大。因此，為了改善緊張情緒，盡可能讓自己獲得充足睡眠吧！

4. 親近大自然

親近大自然有助於緩解緊張情緒。一位著名歌手曾說：「當我從事園林農作時，原本沮喪抑鬱的心情也會煙消雲散。」

即使只是走到窗前眺望青草綠樹，也對情緒有益。密西根大學（University of Michigan）心理學家史蒂芬・克卜勒（Steven Kepler）曾做過一個有趣的實驗：他讓兩組人員分別在不同環境下工作，其中一組的辦公室窗戶靠近自然景物，另一組則位於喧鬧的停車場旁，結果發現，前者比後者的工作效率更高、情緒更安定。

5. 健身運動

運動是驅除不良心情和緊張情緒的好方法。研究人員發現，健身運動的功效和提神醒腦的藥物類似，而且更勝藥物一籌。在運動後不妨洗個熱水澡，放鬆效果更佳。

6. 飲食均衡

營養學家認為，碳水化合物能使人保持心境平和，並增加大腦血液中複合胺的含量，產生鎮靜效果。水果、稻米、雜糧等，都是富含碳水化合物的食物。

7. 要積極樂觀

情緒就像親手編織的彩毯，全看自己喜歡用什麼色彩。如果你偏愛用灰黑色的毛線，就會織出黯淡無光的毯子，如果你只用白色毛線，毯子便單調無味，如果能善用不同顏色的毛線，勢必會織出一條繽紛的毛毯。相同地，若能夠調適自己情緒，不淹沒在情緒低潮中，人生便如同美麗毯子，擁有繽紛生動的色彩。

心理學家米切爾・霍伯斯（Mitchell Hobbs）說：「有些人總是將自己的消極情緒和現實畫上等號。其實，周圍的環境本質上是中性的，關鍵在於你想給它積極還是消極的定義。」

霍伯斯在實驗中，給兩組受試者看同一張漫畫，要求一組人員用牙齒咬著一支鋼筆，露出微笑般的表情，另一組人員將筆用嘴含著，露出嘴角下揚的表情。實驗後發現，前組受試者認為漫畫更有趣。這個實驗顯示，心情的轉變往往不是由事物本身引起，而是取決於如何看待事物。

哈佛大學的一項研究顯示，**榮獲升遷的人當中，有百分之八十五是因為擁有正確**

的情緒，僅有百分之十五是掌握熟練的專門技術。威廉・詹姆斯教授說：「這個跨時代的重大發現告訴我們，可以從控制情緒來改變生活。」

哈德克（Frank C.Haddock）在《意志力》（*Power of Will*）一書中寫道：「最重要的是用堅決自主的意志，將憤怒、妒忌、沮喪、緊張、乖戾、惱怒、煩惱永遠趕出腦際。它們是生理的魔鬼，不但擾亂神志，還用有毒和歪曲的細胞侵害身體，阻礙原來的血液循環，且會產生絕對致命的毒素。此外，它們會壓碎神經組織的細胞，對活潑意志產生傷害，甚至驅除希望，消滅積極動機，使人日趨沉淪。將它們從生命中去除後，你將發現自己具有應付所有問題的意志。」

若常感到情緒不寧、心神頹喪，可試著想想開心往事，回想曾見過的美麗事物，或閱讀使人向上的書籍。用陽光替代陰暗，獲得快樂的方法是憂傷時開口大笑。正如爵士音樂人艾靈頓公爵（Duke Ellington）說：「陰天只是因為有雲飄過。」

以什麼樣的心情面對生活，生活就會以同樣的面貌對待你。當內心抑鬱和沮喪時，不妨轉念：「無論發生什麼事，我都要將今天活成一個特別的『歡樂日』。」也許這麼做，就能避免在煩悶憂慮中虛度一天。

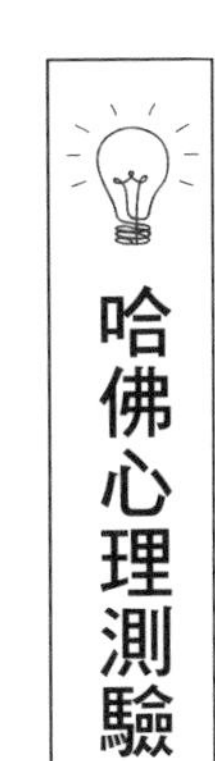

測試你會為了什麼而執著？

Q 你在公園裡散步，但總覺少了什麼。請問你覺得公園缺少的是以下何者？

A. 鞦韆　B. 蹺蹺板　C. 溜冰用的空地　D. 蹓狗的人　E. 噴水池

答案分析

選擇A的你容易牽掛家人，跌倒後不想讓家人擔心，會默默重新站起來。

選擇B的你失敗後，會立刻靜下心反省，並參考很多寶貴意見，再重新出發。

選擇C的你不服輸，只想做到最好，所以會在最短的時間內站起來。

選擇D的你受挫後，要在家人和朋友的鼓勵下，才有勇氣站起來。

選擇E的你在遇到挫折後，開始不相信人性或有疏離感，因此習慣讓自己先沉澱一段時間，再找新機會。

NOTE

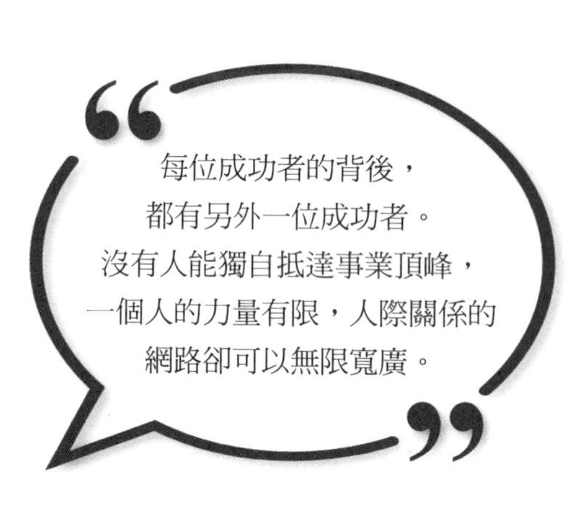
每位成功者的背後，
都有另外一位成功者。
沒有人能獨自抵達事業頂峰，
一個人的力量有限，人際關係的
網路卻可以無限寬廣。

第4章

競爭與友誼並存，累積孩子的貴人運

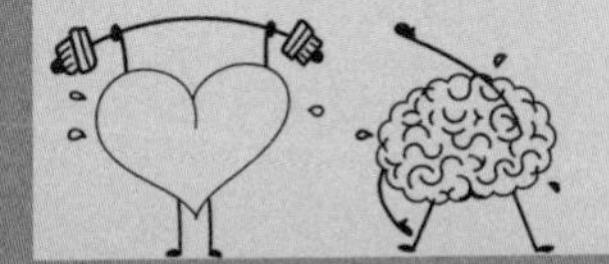

1 編織人脈要從學生時期開始，哈佛指點社交3技巧

鼓勵孩子的一句話

人際交往是一種能夠察覺並區分他人的情緒、意圖、動機和感覺，並運用語言、動作、手勢、表情、眼神等方式，與他人交流、溝通情感的能力。

——加德納

社交也是人際交往，不只是人與人之間的交流，還包括全面的人脈關係網。哈佛大學一向重視學生的社交，在經濟和科技高速發展的今天，「兩耳不聞窗外事，一心唯讀聖賢書」的處世方式已不再是主流。除了透過書籍獲得知識之外，與各界人士交

流也是不錯的方法。

哈佛大學為了培養學生的社交能力，開設各式各樣的課外活動，以促進學生之間的相互溝通與交流。另外，學生還可以依據興趣與愛好，自由申請成立社團，並在社團活動中充分發揮自主管理能力。目前，哈佛成立的社團已經超過八百多個，一般而言，學生至少會選擇一到兩個社團加入。

學校鼓勵創立社團，不僅是為了豐富娛樂生活、培養興趣愛好，更重要的是讓學生建立更廣闊的人脈關係和社交網路。哈佛的社交活動非常多，經常定期或不定期舉辦各種舞會，而最盛大的莫過於幾乎所有學生都會出席的期末舞會。雖說是舞會，其實最主要的目的在於社交。

擴大社交圈、累積人脈，與累積知識一樣重要。每位哈佛學生都知道，他們加入的社交平臺千金難買，而且從進入哈佛那天起，他們就多了無數功成名就的校友，以及潛力無限的同學。社交不僅要發自內心重視，還需要一些實用技巧，以提高社交能力、擴大社交圈。

1. 注意第一印象

哈佛大學心理學家認為，與人初次見面時留下的印象往往最為深刻。若給人不好的第一印象，之後很難改變他人的看法。良好的第一印象常在於合適的衣著、妝容、言語，以及行為舉止等。甚至有些人會特別注意指甲、鞋子清潔度等細微末節。

2. 注意社交禮儀

注意社交禮儀可以為第一印象加分，還能展現出素質與修養。以下列點說明，社交禮儀中需要遵循哪些基本原則和技巧：

①**著裝禮儀：**著裝是門藝術，需要根據時間、地點、場合、色彩相互協調，給人最直觀的視覺感受。正確得體的著裝能展現自己的個性與精神面貌。

②**舉止禮儀：**優雅得體的舉止是社交中的無聲語言。從舉止可看出性格、素養、價值觀和生活習慣。無論是站姿、坐姿、表情等，都需要注意是否得體。

③**言談禮儀：**掌握表達的藝術，懂得言談禮儀，可以表現出談吐不凡、具感染力

的氣質，並在社交場合中獲得良好溝通效果。

④儀容禮儀：面部潔淨、頭髮整潔，整體維持清爽的形象。

⑤稱呼禮儀：一定要重視稱呼，否則會成為你社交上的障礙。

⑥聚會禮儀：這裡主要是指舞會禮儀。參加舞會時，儀容應保持整潔大方，男士要有紳士風度，女士要注意淑女氣質。

3. 注意選擇對象

社交不是撒網撈魚，撈到什麼是什麼。儘管廣交朋友可以有更多機會認識他人，卻無法保證自己的社交圈是否單純。

我們可以選擇結交志趣相投的朋友，讓彼此的思想碰撞，產生智慧火花，也可以結交品德高尚的朋友，來培養自身修養。或者結交忠實可靠的朋友，在彼此深陷困境時互助。正確的社交對生活有很大益處，不論社會人士或者是學生都應特別重視。那麼，良好的人際關係會為你帶來什麼影響呢？

1. 促進學習上的進步

學習是學生的主要任務，友誼大多在學習過程中逐漸發展形成。學生的交友圈以同儕為主，與同儕之間的主要活動為學習、交流學習經驗、探討學習方法、談論課外知識等。《禮記・學記》寫道：「獨學而無友，則孤陋而寡聞」，精闢地說明友誼之於學習的重要性。

2. 促進情緒、情感的穩定和發展

高中時期正處於艾瑞克森（Erik Erikson）人格理論中的「自我認同和角色混淆」時期，心理學家霍林沃斯（Leta Stetter Hollingworth）將它稱作「心理斷乳期（注3）」，而社會文化學家斯普朗蘭格（Eduard Spranger）則稱之為「第二次誕生」。

此時的青少年竭力擺脫對雙親的心理依賴，這種急劇而明顯的變化無疑會影響青春期學子的情緒，使他們出現不安、煩惱、寂寞及孤獨感。

此時，友誼關係的建立會帶來穩定和安全感，正如《人際關係心理學》一書中所述：「朋友是支持和安全的來源，是知己，也是『治療者』。」（注4）

調查顯示，大多數國高中生願意向知心朋友傾訴自己的煩惱，以釋心理的重負、消除內心的憂鬱和焦慮，促進情緒的穩定發展。

3. 促進意志的發展

人生常有不如意之事，逆境、挫折甚至苦難就好像水中的暗礁。當遭遇挫折時，朋友的關心如同救生圈。不論是慰藉的話語、無私的幫助，或者是信任的目光，都不可小覷，能夠提升意志、獨立、堅持、果斷、自治力等。

4. 促進個性的形成與發展

個性指的是較為穩定且顯著的心理特徵（能力、氣質、性格），以及傾向（需要、興趣、價值觀等）。青春期是個性發展的重要時期，而友誼能促進個性的形成和

注3 原文為 Psychological Weaning。在青春期階段，由於自我意識的提升，逐漸形成獨立思考，是心理由幼稚走向成熟的重要階段。

注4 《人際關係心理學》，人民教育出版社，一九九九年第一版。

發展。

朋友之間往往因為性格相似、志趣相投、態度相仿而互相吸引，因此能強化對方良好的性格特徵，像是熱情、友善、謙虛等，發展共同的興趣愛好、促進個性的全面發展。其中，形成自我意識是個性發展的重要關鍵。

高中階段是自我探索、發掘、表現，以及塑造、完善個人性格的重要時期，而友誼是自我意識發展的關鍵。良好的人際關係有助於促進形成自我概念，避免出現人格混亂。

一個人成功與否，可以從人際關係中預測。成功的第一步是要有良好的人脈。世界上所有的事物都有關聯，若想架起通往成功的橋樑，從現在開始，就讓自己成為一個有魅力的溝通者吧！

哈佛心理測驗

測試你的社會交際能力。

1. 陽光燦爛的日子，你會更想待在家裡。

是——請跳至第二題　否——請跳至第三題

2. 朋友同時借給你漫畫和小說，你會選擇先看漫畫。

是——請跳至第三題　否——請跳至第四題

3. 假如你在朋友家裡待太晚了，你會想在他家過夜。

是——請跳至第六題　否——請跳至第五題

4. 只要想吃就不在意會變胖，即使半夜也會吃蛋糕。

是——請跳至第三題　否——請跳至第五題

5. 早上只要能多賴床幾分鐘，也會覺得很幸福。

是——請跳至第七題　否——請跳至第六題

6. 你覺得和某個人似曾相識。

是——請跳至第八題　否——請跳至第七題

7. 你對小孩特別有耐心，也很喜歡小孩子。

是——請跳至第十題　否——請跳至第九題

8. 你經常擺出一副事不關己的樣子。

是——請跳至第七題　否——請跳至第九題

9. 你現在能在五秒內，毫不猶豫地說出三個最想要的願望。

能——請跳至第十一題　不能——請跳至第十二題

10. 你覺得年長的人比較值得信賴。

是——請跳至第十一題　否——請跳至第九題

11. 你覺得圓形的唇型，比四邊形的唇型更具魅力。

是——請跳至第十二題　否——請跳至第十三題

12. 雖然偶爾嫌父母囉唆，但仍然心存感激。

是——請跳至第十三題　否——請跳至第十四題

13. 是否有人說過你是個超級糊塗蟲。

是——請跳至第十五題　否——請跳至第十四題

14. 你喜歡看恐怖片勝過愛情片。

是——請跳至第十五題　否——請跳至第十六題

15. 你覺得隨身攜帶手帕的男生擁有很高的「女子力」。

是——請跳至第十六題　否——請跳至第十七題

16. 你曾經買許多書，卻擺著沒看。

是——請跳至第十八題　否——請跳至第十七題

17. 你覺得過了二十歲就已經老了。

是——請跳至第二十題　否——請跳至第十九題

18. 曾經不知不覺講了幾個小時的電話。

是——請跳至第十九題　否——請跳至第十七題

19. 想談一場轟轟烈烈的戀愛。
是──請跳至第二十題　否──請跳至第二十一題

20. 你對時尚較為敏感，且喜歡追趕潮流。
是──請跳至第二十一題　否──請跳至第二十二題

21. 偶爾會有想去看海的衝動。
是──B型　否──請跳至第二十二題

22. 你在外過夜有認床的習慣。
是──請跳至第二十三題　否──A型

23. 喜歡一個人享受泡泡浴。
是──D型　否──請跳至第二十四題

24. 覺得擁有一個異性的知心好友很重要。

是——C型　否——請跳至第二十五題

25. 想學爵士鼓勝過小提琴。

是——D型　否——E型

答案分析

A型：你個性樂觀開朗，能和任何人相處，身上就像有著無法比擬的閃光，即使在陌生環境，也能和別人相談甚歡。你能發現他人身上的長處，又能輕易原諒別人的缺點和錯誤。

B型：你有很強的融合力，不論和什麼類型的人都能融洽相處。你交朋友看重感覺，只要順眼、有共同語言，很快就成為好友，而且理解每個人態度的差異。

C型：你是個低調的人，並不喜歡泛泛之交的交友模式。由於個性較為慢熟，需要時間深入了解。你雖然看似冷漠，一旦認定對方，內心就會熱情如火。你的朋友數量不多，但是每個人都稱得上是推心置腹的知己。

D型：你喜歡熱鬧、害怕寂寞。交友是你的樂趣之一，不管是什麼樣的人，你都很樂意認識。樂天開朗的你人緣不錯，大家都滿喜歡你這個開心果。

E型：你在交友上有自己的一套原則，並不會濫交朋友。對方的個性、興趣愛好都是你考慮的條件，你深知近朱者赤的道理，所以不想誤交損友。由於崇尚「君子之交淡如水」的原則，你對所有人的感情程度都差不多。

良性競爭是成長的動力，如何選對朋友取長補短？

鼓勵孩子的一句話

永遠不要孤軍作戰，朋友是最好的武器。

——哈佛大學心理學教授 莫埃里・迪倫（Moira R. Dillon）

哈佛大學的競爭氛圍一向十分強烈，哈佛校友曾說：「哈佛強調領導力，每個學生都很有進取心，為了目標而奮鬥。」良性競爭帶來壓力，壓力產生強烈的動力，而動力造就哈佛的菁英。

人都有惰性，如果沒有競爭就無法進步。古人曾說：「流水不腐，戶樞不蠹。」

下面一則寓言小故事，充分說明競爭的重要性：

某座森林公園環境幽靜、水草豐美，在如此優越的環境下養育了幾百隻梅花鹿。但幾年後，鹿群病的病、死的死，出現了負成長。爲什麼在環境優美、沒有天敵的公園中，會出現鹿群集體生病的情況呢？

幾週後，森林公園決定買幾匹狼放置在園區內，在狼的追趕下，鹿群緊張地拚命狂奔。過了幾年，鹿群數量不減反增，體質與身體狀況都明顯增強。

每所學校都相當重視學生的競爭意識，只有創造出良性競爭，才能培養出更多優秀人才。那麼，我們該如何看待競爭呢？

下頁表格中，將競爭分為良性競爭與惡性競爭，並比較兩者在心理、目的、動機、觀點及態度上的差異，拓展學子對競爭意識的想法。

我們該如何看待競爭？

兩種競爭方式的思考模式異同點		
心理暗示	良性競爭： 競爭＝合作	惡性競爭： 競爭＝戰爭
目的	人才的合理分配	市場佔領
動機	成長、學習、 發展、創新	排除異己
	重視本質	重視表面
	創造真實的價值	獲得回報
	為更大的目的服務	風險最小化
競爭者的觀點	提升效率、創新、 服務的動力	利益的爭奪者
規則的態度	像遵守交通規則 一樣自覺	大量破壞規則

正確看待競爭後，如何創造良性競爭，成為必須迫切解決的問題之一。所謂良性競爭，其實更多的是合作互助。由於個人能力有限，善於與人合作者才能彌補自己能力的不足，達成無法獨自一人完成的目標。

與朋友的相處若能達到共進退、取長補短、互惠互利等境界，雙方不僅可以從中受益，也能為友情打下堅固基礎。所謂「幫助別人往上爬的人，能爬得更高」，幫助別人爬上果樹，同樣也能得到樹上的果實。

建立良性競爭的氛圍固然重要，選擇對象也同樣重要。莘莘學子中，哪些人適合與你共同進退、良性競爭呢？以下三個技巧可作為參考，幫助你與朋友同舟共濟、共同進步。

1. **目標要一致：**擁有相同目標，才能發揮良性競爭的作用。
2. **選擇志趣相投的朋友：**課餘可以一起切磋，學習氣氛也會更加融洽。
3. **認識優劣能互補的朋友：**相互取長補短。

人生的每一天都在勝負中度過，培養學生良好的競爭意識，才能激發強烈的求知欲，讓潛力在激烈競爭中充分發揮。將競爭意識融入教學中，也是提高教學水準的重要途徑之一。

哈佛的校訓為「真理」。學術大師是帶領學生走向真理的導遊，而對導遊的尊敬，就是向真理表示敬意。如果沒有對真理的熱愛、對學術的渴求、對教授的尊重，就不會有今天的哈佛大學，以及貢獻無數的畢業生。

我們究竟為什麼要讀書？也許是為了實現個人的人生價值，也許是回報社會。不論動機為何，為了實現人生目標，首先要在學生階段做好該做的事。

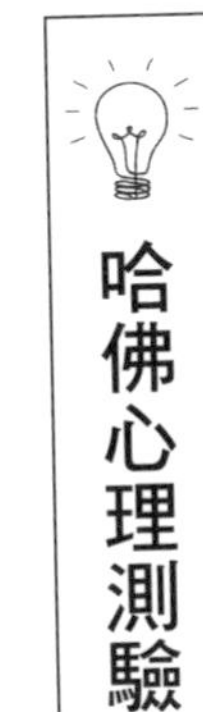

哈佛心理測驗

測試看看你的競爭意識。

以下題目中共有五個選項，其中A表示完全不同意，B表示不同意，C表示沒意見，D表示同意，E表示完全同意。按照A、B、C、D、E的順序，計分標準分別為一、二、三、四、五分。

Q1　和相同條件的人相比，你能做出比他們更好的成績嗎？

Q2　你積極參加能表現自己的任何活動，且從不謙讓嗎？

Q3　你覺得那些推崇良性競爭的人，有時也會採取不正當手段嗎？

Q4　當你知道和你條件相當的人做出成績時，你會不服氣嗎？

Q5　你認為人生就是一場競爭，適者生存、不適者淘汰嗎？

Q6 你十分樂意挑戰有一定難度、意義重大的工作嗎？

Q7 你覺得自己不被他人接受嗎？

Q8 和別人合作的意願，從低到高為A、B、C、D、E，你認為哪個最符合你？

Q9 競爭對成就的作用，從低到高為A、B、C、D、E，你認為哪個最符合你？

Q10 與人的競爭程度，從弱到強為A、B、C、D、E，你認為哪個最符合你？

答案分析

總分大於45分：競爭意識強烈，喜歡在競爭中取得成功。

總分25～45分：競爭意識一般。

總分低於25分：競爭意識弱。

3 能說不等於會說，把握6方法培養說話的藝術

鼓勵孩子的一句話

思考可以隨心所欲，表達想法則必須謹慎小心。

——威廉・詹姆斯

語言是傳達感情的工具，也是溝通思想的橋樑。若說話得體，會獲得他人的好感，贏得大多數人的喜愛。若話說得不夠好，便得不到他人積極的回應，更極端點，還會讓自己陷入孤立的境地。說話是一門藝術，有人說話讓人感覺身心舒暢，有人總會禍從口出。

「一句話能把人說跳，也能把人說笑。」善用言語的人在與不同人交往時，能左右逢源。想在人際交往中應對自如，就要得懂得說話之道。說話雖然不難，但把話說好卻是複雜的學問。該如何把語言裝扮得有氣質？與人溝通時需要注意哪些技巧呢？想培養說話的藝術，可以試試以下的方法。

1. 言之有物

哈佛叮囑學生：「別人會從你所說的一字一句中，推敲你所知的多寡。」與人交往時，言語是最能表現思想與感受的工具。縱使有三吋不爛之舌，也應該掌握「言之有物」的原則。

文如其人意指文章風格和作者往往有相似之處，能反映出作者的思想、立場和世界觀。同理，人如其言指的是可以從說出的話語中，大致了解說話者的知識面、喜好，甚至是思想。怎樣才能做到言之有物呢？最簡單的方法就是增加內涵與修養，而增加涵養可以透過閱讀增長知識與見識。

2. 適當讚美

讚美是良好溝通的開始，真誠的讚美是取得信任的方式。正如歌德所言：「讚美別人就是把自己放在與他人同樣的水準上」，適當的讚美是人際交往中不可缺少的言語藝術。但古人曾說：「譽人之言不可太濫」，過分讚美反而顯得虛偽。

有人或許會說，找不到可讚美的地方。其實，只要仔細觀察，每個人都有自己的特長，我們容易過於關注他人的不足，而忽略優點。

3. 保持微笑

微笑能拉近人與人之間的距離，卡內基曾說：「微笑是在向他人表明『我喜歡你，你使我快樂，非常高興見到你』的意思。」與人溝通時，若能讓他人產生這種感覺，接下來的談話會進行得更順利。

4. 注意場合

許多人說話時，容易忽略場合的重要性。例如：不要在大庭廣眾下大肆批評、不要在他人傷心時拚命講自己的開心事、盡量不要以網路用語和年長者溝通。

說話要看場合，選擇適當的內容，在得宜的情況下溝通，才能達到最好的效果。

5. 話留三分

哈佛教育學生尊重別人，談話時注意話到嘴邊留三分。生活中，有人說話口無遮攔，所謂「良言一句三冬暖，惡語傷人六月寒」，話一旦說出口，便無法收回。

因此，說話之前得換位思考，怎麼講才能讓人聽得舒心，更容易接受？該怎麼說才能達到自己的目的？同樣的話根據不同說法，會給人截然不同的感受。這就是語言的力量，更是思考的力量。

6. 適當沉默

適當的沉默帶來更多思考空間，點到為止也是語言的另一種魅力。同時，沉默還能替人保留更多修改的機會。

以上講述的是與人交談時的基本原則，看似簡單，卻不容忽視，僅僅一次的失言，都有可能導致「失友」的情況發生。說話要言之有物，更要言之有方，什麼該說、什麼不該說、該怎麼說，都需要好好學習和把握。

俗話說：「好馬出在腿上，好人出在嘴上。」一想成為受歡迎的人，得學會說話。的確，話人人能說，但能說不等於會說，有人「口吐蓮花，字字珠璣」，有人「巧舌如簧，聽者寥寥」，更多人是「茶壺煮餃子，有嘴道（倒）不出來」。境界有高下，效果也有天壤之別。好在口才不全靠遺傳，任何人都可以後天補足。

不論何時，說話要經過大腦，敏事慎言、話多無益。嘴是個揚聲器，平時一定要注意控管聲音的開關，千萬不要只顧一時的痛快。

說話時，除了注意以上原則之外，還要記得遇事不要急於下結論，即便有了答案也要稍安勿躁，特別是在遇到麻煩時，別忘了靜待。以靜制動不但能化解麻煩，還能為自己帶來更多朋友和成功的機會。

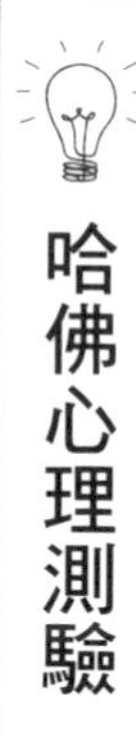

哈佛心理測驗

測試你是否掌握說話的藝術。

Q1 別人在說話時，你會不小心分心嗎？

A. 會　B. 有時會　C. 不會

Q2 談到一些與你關係不大的事情時，你是否常覺得難以聚精會神？

A. 是　B. 有時　C. 不是

Q3 一位剛認識的朋友，向你詳細分享他失戀的過程，你會有什麼反應？

A. 感到尷尬不習慣　B. 無動於衷　C. 很樂意傾聽並積極開導

Q4 為了整理好思路，你是否需要安靜的空間？

A. 是　B. 有時　C. 不是

Q5 你是否很難向他人傾吐心事，除非他是認識多年的朋友？

A. 是　B. 有時　C. 不是

Q6 你覺得哪種人最容易相處？

A. 溫和有禮的人　B. 知識淵博的人　C. 開朗多話的人

Q7 你是否刻意避免表達自己的感受，因為你認為說了別人也不會理解。

A. 是　B. 有時　C. 不是

Q8 你是否認為，輕易流露心情和感受的人沒有內涵？

A. 是的　B. 有時　C. 不是

Q9 你是否會在氣氛熱烈時，反而感到強烈失落？

A. 經常如此　B. 有時　C. 從未有過

得分計算

選A得三分，選B得二分，選C得一分。

答案分析

22～27分：不太會說話。你尚未掌握說話的藝術，或者有排斥表達的傾向。你只有在極為需要溝通的情況下，或者對方讓你有相見恨晚的感覺時，才會主動與他人交談。你常處於孤獨的個人世界裡，有自閉的傾向，除非對方願意主動且頻繁地與你接觸，才會敞開心房。

15～21分：你是個外冷內熱的人，喜歡與熟悉的人聊天。其實說話也是你的強項，只是你不會輕易顯露。如果和對方不太熟識，你剛開始會顯得內向，但時間久了之後，你很樂意向對方搭話。

9～14分：你非常會說話，也相當懂得交際，能夠營造熱烈氣氛，讓人覺得你很好聊。你的說話技巧十分精妙，知道什麼時候該說，什麼時候不該說。

事業有成69%靠朋友，真誠交流才能累積貴人運

人脈比IQ和EQ更重要，管理人脈的能力勝過管理情緒的能力。

——丹尼爾・高曼

哈佛商學院調查發現，在事業有成的人當中，靠親屬關係成功的佔百分之五，靠工作能力成功的佔百分之二十六，而剩餘百分之六十九則是靠良好的人際關係。由此可見，真誠的交友態度有助於開創成功的事業。

哈佛大學的教授認為：「每位偉大成功者的背後，都有另外一位成功者。」沒有人可以獨自抵達事業頂峰，一個人的力量有限，但人際網路可以無限擴展。善於利用這種無窮無盡的力量，會使前進的道路更加暢通。

哈佛大學教授說：「人們需要的是享有應得的關注。」在這樣的關注中，只有真誠才能使一切變得具有吸引力。

法國著名作家羅曼・羅蘭（Romain Rolland）說：「友誼是畢生難覓的珍貴財富。」人人都想得到這筆財富，而要真正得到它，至少需要付出一片真心。結交朋友最重要的是真誠，只有真誠交流才能獲得真正的友誼。

黃蜂與蝴蝶口渴了，牠們不約而同地去向附近葡萄園的農夫要水喝，並許諾會給農夫豐厚的回報。黃蜂說：「我可以替你看守葡萄園，若有人來偷葡萄，我就用毒針對付他。」蝴蝶說：「我替你傳播優良的葡萄花粉，保證讓你的葡萄長得更大更好。」農夫聽了卻說：「我只想知道，如果你們不口渴，還會想為我做這些事情嗎？」

這則寓言諷刺的是，有求於人時才主動獻殷勤。用誠摯的態度與人交往，才有可能交到真正的朋友。那麼，該如何真誠地與人溝通，獲得朋友這筆財富呢？

1. 互相尊重

人人都有自尊心，只有尊重別人，別人才會尊重你。與人交往時，尊重是最起碼的禮貌。哈佛教育學生，如果不懂得尊重他人，就無法與人溝通合作，付出尊重才能得到他人的敬重。

2. 待人友善

人與人之間的交往是平等的，親切對待他人，必將獲得友善的回報。我們應該盡情發揮這份天性，使自己與他人的關係變得更加緊密。

3. 積極溝通

溝通不僅能促進彼此之間的認識，還能加深情感。若想與朋友建立關係，最基本的原則是主動溝通。無論生活節奏多快，生活和學習多忙碌，都不應成為與朋友漸行漸遠的理由。

德國前總理海爾穆・柯爾（Helmut Kohl）非常善於與朋友交往，他經常到朋友家拜訪，並建立良好的人際關係網。這為他數十年的政壇人生，提供巨大的幫助。

4. 寬容待人

和朋友相處時需要寬容。為了保全對方尊嚴及雙方友情，不論何時都要為對方留臺階下。寬以待人會給人大方得體的觀感，這不僅是維持友誼的秘訣，也是結交新朋友的良策。

曾有人在演講中提到：「學生去哈佛就是為了交朋友。這些同窗可能成為一輩子的好朋友，將影響你的思想、價值判斷，甚至成為合作夥伴或得力助手！」

每年哈佛大學都會招募九百多位新生，包括不同院系、不同系所的學生。另外，參與哈佛學術協會、運動協會也是豐富生活、融入校園、結交朋友的好方法。

一個人成功與否，也與身邊的朋友有直接關係。從今天開始，誠懇地面對朋友，勇敢地開拓交友圈。在學生時期，要讓自己變成一個善於社交的人，提前為成功打好人脈基礎。

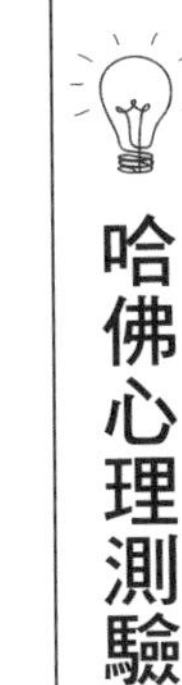

哈佛心理測驗

測試你對朋友的真誠程度。

Q 假設你和朋友一同出遊，並收到一束漂亮的花，回家之後你會把它擺在哪裡？

A. 鋪著桌巾的餐桌　B. 乾淨的洗手間　C. 灑滿陽光的窗臺　D. 門口玄關處

答案分析

選A的你對待朋友的坦率指數為99％。你經常毫不保留地將自己赤裸裸地攤在朋友面前，完全沒有隱藏地真誠待人。對朋友口中的話深信不疑，有什麼提議也會立刻贊同，但容易被七嘴八舌的意見搞得頭昏腦脹。

選B的你對待朋友的坦率指數為20％。洗手間向來是較為私密的空間，選擇將花束放在洗手間的你，傾向隱藏心事。你習慣獨享私人情感，時常會表現出敵意。

選C的你對待朋友的坦率指數為80％。窗臺邊是屋內日照最佳的地方，象徵著你積極開朗、坦率純真的一面。你絕對不會無聊到想要心機、使心眼，散發的和善氣氛會為周遭的朋友帶來正能量。

選D的你對待朋友的坦率指數為60％。玄關是進門看到的第一個地方，也是歡迎朋友的入口，有著非常濃厚的社交意味。選擇門口代表擅長交際，雖然你表面上看來親切友善，但社交敷衍的言詞居多，真心話較少。你有權選擇你想說的話，但是別被朋友識破你的不誠懇。

NOTE

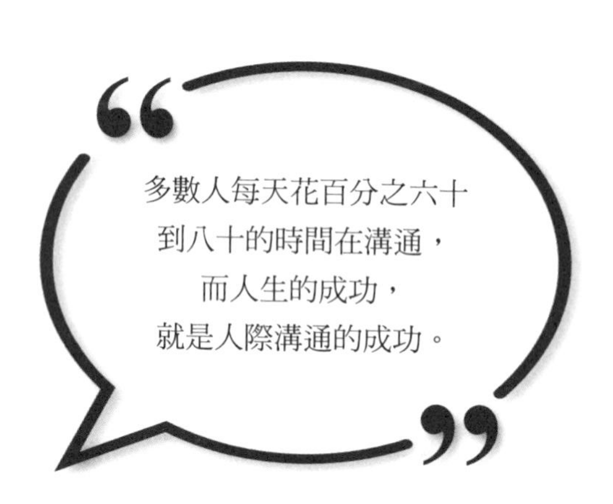
多數人每天花百分之六十
到八十的時間在溝通，
而人生的成功，
就是人際溝通的成功。

第5章

哈佛學生不死讀書，散發驚人的領袖氣質

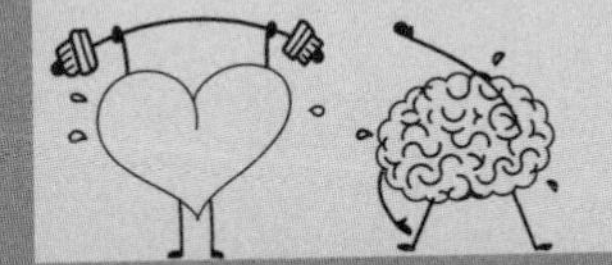

1 別因為「禮讓」的美德，阻礙孩子培養領袖魅力

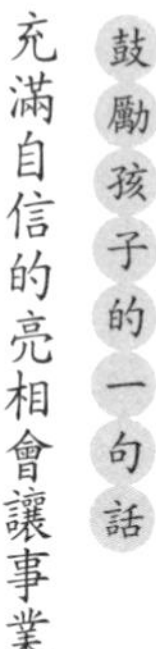

鼓勵孩子的一句話

充滿自信的亮相會讓事業蓬勃發展，這是表現自己領導能力最關鍵的一步。

——肯塔基州議員 威廉・艾利斯（William Thomas Ellis）

常言道：「疾風知勁草，烈火煉真金。」在關鍵時刻，總有些同學能夠脫穎而出。人生難得機遇，不要錯過表現自己的機會。儒家講究謙虛和中庸，但絕不是要求大家變成一塊木頭，畏首畏尾、膽怯懦弱。堅守中庸也許不會出現大問題，卻很難有大成就。適當地表現自己絕對有益無害。

有些人天生具有領袖魅力，也有人是透過後天的學習和培養修煉而成。領袖魅力的關鍵在於適當表現自己的才能，過度謙虛不是美德，而是埋沒才能。現實中不乏因為過度謙虛而錯失機會的例子：

珍妮弗想爲孩子請中文家教，面試時來了兩位研究生，珍妮弗同時詢問他們兩個問題。第一個問題是：「你的中文能力如何？」第二個問題是：「你的中文字寫得怎麼樣？」

第一位面試者謙虛地回答：「我的中文程度一般，字寫得還可以。」第二位面試者則拿出自己的獲獎證書及手寫稿，回答：「我這兩方面都非常突出。」最終，第二位面試者獲得這份工作。其實，第一位面試者也相當優秀，但沒有適時展現自己的才能，而失去這份工作機會。

在人才濟濟、充滿競爭的二十一世紀，「酒香不怕巷子深」的說法已經不再適用。正如一位美國大企業家所言：「若不充分宣傳，再好的商品也很難得到消費者的認同。」人也是如此，想要出類拔萃，就要讓別人了解你的價值所在。

每個人都有屬於自己的優點和才能，即使是學生，也應該把自己的才能表現出來。在校園中，想要表現自己、培養領袖氣質和領導能力，當班級幹部是個不錯的選擇。班級幹部是學校與學生間的橋樑，不僅需要具備良好的團隊合作精神，還要學會嚴以律己、寬以待人。

如果你有以下特質，不妨試試擔任班級幹部：

1. 有健康的心態。

2. 有服務他人的熱誠。

3. 想提高自己的處世能力。

4. 具有不畏挑戰的精神。

那麼，當學生領袖會有什麼收穫呢？

1. **提高服務意識。**
2. **增進責任感。**
3. **培養團隊意識。**
4. **提升領導能力。**

哈佛大學的研究顯示，當過班級幹部的人較積極主動，更會表現自己，無論在學習還是生活中，都能展現領導才能。另外，經過哈佛專家及教授長時間的研究發現，人們心目中的理想領袖通常具有一定的特質，為了得到推崇與提升號召力，大多數人常依據這些特質，打造理想形象。人們理想的領袖有以下九個標準：

1. **崇高的個人道德標準。**
2. **心胸寬廣。**
3. **有承受壓力的膽識，遇到挫折不氣餒。**
4. **才智過人，非步步為營的保守派。**

5. 有過人的精力和責任感。
6. 喜歡突破傳統、改變現狀。
7. 能果斷做決定。
8. 幹勁十足，會熱心激勵別人。
9. 有幽默感。

在芸芸眾生中，如何能讓具有領袖魅力的人脫穎而出？哈佛提出「**自我表現**」四個字。美國名校在審閱學生的申請資料時，往往根據申請者展現的領導能力，判斷未來發展的可能性。也就是說，若具備領袖型人物的潛力或特質，更容易被名校錄取。因此，不要把自己禁錮在學習的牢籠裡，而忽略個人特質與領導能力的養成。

哈佛心理測驗

是否有領導才能，取決於先天性格和後天養成。測一測你在生活中是領導者還是跟隨者？請根據個人經驗回答以下題目，答「是」得一分，答「否」不得分。

1. 別人請求你幫忙，你很少拒絕嗎？
2. 為了避免與人發生爭執，即使你是正確的，也不願意發表意見嗎？
3. 你偶爾會違反交通規則嗎？
4. 你經常向別人說抱歉嗎？
5. 如果有人嘲笑你的衣服，你會再穿它嗎？
6. 你曾經穿過好看卻不舒服的衣服嗎？
7. 開車或坐車時，你曾經對別的駕駛感到不耐煩嗎？
8. 你對反應較慢的人沒有耐心嗎？

9. 你經常對人發誓嗎？
10. 你曾經大力批評電視上的言論嗎？
11. 如果有人不守承諾，你會生氣嗎？
12. 你常坦白自己的想法，而不考慮後果嗎？
13. 你無法忍受你不喜歡的人嗎？
14. 與人爭論時，你總愛爭輸贏嗎？
15. 你總是讓別人替你做重要的決定嗎？
16. 你喜歡將錢投資在財富上，而勝過於個人成長嗎？

答案分析

12～16分：你是個標準的跟隨者，不適合領導別人，喜歡被動地聽人指揮。在緊急的情況下，你多半不會主動出頭帶領大家，但你很願意跟大家配合。

6～11分：你介於領導者與跟隨者之間。你雖然可以隨時帶頭，卻因為個性不夠積極、衝勁不足，而多半扮演跟隨者的角色。

5分以下：你是個天生的領導者，在心裡有自己的一套原則，不會輕易隨波逐流，並經常能寬容他人的缺點，因此備受歡迎。

2 為什麼哈佛沒有書呆子，只有「萬人迷」？

鼓勵孩子的一句話

對每個人來說，培養領導能力與無止盡的學習都是不可或缺的。

——美國前總統 約翰・甘迺迪（John F. Kennedy）

你是否曾注意過學校裡的校園明星？他們有的人擅長運動、有的人是萬年學霸，身上總是散發著某種看不見的光環。許多成功人士都會釋放出名為「魅力」的能量，和領袖氣質不同的是，人格的魅力必須經過後天培養。

魅力無窮的人物是在理解並滿足公眾的期望後，才得以發光閃亮。人格魅力的性格特徵表現如下：

1. 積極的人生觀

待人處世表現出真誠、熱情、友善，並能將心比心、樂於助人。對自己要求嚴格，且有進取精神。以勤奮認真的態度面對學業、工作和事業，自勵而不自大、自謙而不自卑。

2. 保有理性卻不失感性

有較強的邏輯性，同時極富創新意識和創造能力。

3. 善於控制和支配自己的情緒

經常保持樂觀開朗、振奮豁達的心情，情緒穩定平衡，與人相處時能帶來歡樂的笑聲，幽默感十足。

4. 目標明確

對自己的行為有自覺，善於自我管理、勇敢果斷、堅韌不拔。

在哈佛眾多學子當中，穆罕默德・亞馬尼（Ahmed Zaki Yamani）就是極富人格魅力的人。在他擔任沙烏地阿拉伯石油大臣的二十五年間，正是國際石油市場變動激烈的時代。

這位彬彬有禮、才華橫溢的阿拉伯人，經歷了石油輸出國（OPEC）的興盛與衰落，在國際石油活動中頻頻露面。西方石油公司時刻關注著他的一舉一動，他幾乎成為OPEC和石油權力的化身，被稱為「東方的季辛吉（注5）」。

自古以來，人們喜歡親近具有責任感、能力強、友好且有智慧的人。究竟該如何練就迷人的個性，使自己散發出無限的魅力呢？以下四點與各位學子分享。

1. 培養多種興趣與愛好

哈佛研究發現，許多成功人士的興趣愛好非常廣泛。這也是許多成功人物擁有迷人個性的原因之一。

2. 真誠微笑

凡事樂觀豁達且常掛著真誠微笑的人，總是散發迷人的氣息。微笑不只讓自己看起來更有親和力，也是成功的引路人。

3. 幽默風趣

幽默有助於身心健康，也是培養魅力的法寶，人們都喜歡接近幽默風趣的人。不僅如此，幽默還讓人保持積極進取的心態。在追求成功的道路上，嫻熟地運用幽默，可以增強自己的競爭力。

注5 亨利・季辛吉（Henry Alfred Kissinger），畢業於哈佛大學，為國際政治學的理論大師。曾任美國第五十六任國務卿，並在美國與蘇聯的冷戰時期中扮演重要角色，其政治手段為日後的國際情勢奠定了基礎。

4. 敢於承擔

卡內基曾說：「惡性競爭不會讓你得到好結果，讓步的收穫反而比預期高。」勇於承擔與讓步的人才能有所作為。在學習和生活中，遇到問題要主動尋找原因、承擔過失。

健康的人格並非天生，平時應注意培養積極的心態和樂觀的生活態度。當今社會中，為人處世的基本就是具備人格魅力。何謂人格魅力？就是人在性格、氣質、能力、道德品格上吸引他人的力量。

哈佛心理測驗

以下的七種吸引力，你具備哪種？

1. 你喜歡獨自旅行。

是——請跳至第二題　否——請跳至第三題

2. 你每星期都會去逛街。

是——請跳至第四題　否——請跳至第五題

3. 你喜歡看浪漫愛情喜劇。

是——請跳至第六題　否——請跳至第七題

4. 你習慣晨跑。
是——請跳至第八題　否——請跳至第九題

5. 你認為女生不需要有太高的學歷。
是——請跳至第十題　否——請跳至第十一題

6. 你擁有很多知心朋友。
是——請跳至第十二題　否——請跳至第十三題

7. 你喜歡講電話。
是——請跳至第十四題　否——請跳至第十五題

8. 你喜歡時尚的衣服。
是——請跳至第十六題　否——請跳至第十七題

9. 你認為經濟是一切的保障。
是——請跳至第十八題　否——請跳至第十九題

10. 你在晚上十二點後睡覺。
是——請跳至第二十題　否——請跳至第二十一題

11. 沒事時你喜歡打遊戲。
是——請跳至第八題　否——請跳至第十題

12. 你在家中栽種很多植物。
是——請跳至第九題　否——請跳至第十題

13. 你喜歡聽悲傷的情歌。
是——請跳至第十題　否——請跳至第八題

14. 你認為美是發自內心而非表面。

是——請跳至第九題　否——請跳至第八題

15. 比起雜技表演，你更喜歡魔術。

是——請跳至第十題　否——請跳至第九題

16. 你不贊成男女生的關係過於密切。

是——A.長頸鹿　否——請跳至第十七題

17. 你喜歡和不同類型的人交往。

是——B.獵豹　否——請跳至第十八題

18. 你常在半夜想些傷心的事情。

是——C.馴鹿　否——請跳至第十九題

19. 你認為自己有嚴重的雙重人格。

是——D.斑馬　否——請跳至第二十題

20. 你敢主動向喜歡的人表白。

是——E.企鵝　否——請跳至第二十一題

21. 你會定期運動。

是——F.狐狸　否——G.羚羊

答案分析

長頸鹿：你沉默、優雅，有一種發自內心的親和氣質，在歲月的沉澱中，更散發出不可抵擋的魅力。你懂得什麼叫品味、什麼是生活。你身邊的人都能感受到你的優雅與友善，無關外貌和年齡，只有沁人心脾的魅力。

獵豹：你走在時尚的尖端，總是以不變應萬變，獲得人生每一刻的精彩，同時帶給別人生命的熱情。你的光芒無法被掩蓋，且懂得如何讓生命輝煌美麗。若能控制自己的脾氣，你的野性和不羈更能令人沉迷！

馴鹿：你崇尚簡約、毫無野心，永遠悄然而立，這不是漠然而是涵養。你才華橫溢卻看淡一切，永遠用清晰眼光看待世間的紛擾，卻不刻意逃避。你自然淡雅的笑容最迷人。

斑馬：你在靜態時固然表現出悠閒的優雅，即使忙碌，也能在日復一日的生活中散發魅力。你不會放縱自己，也不會為了不值得的事虐待自己。無論何時，你都流露出動靜皆宜的吸引力。

企鵝：你善良、開朗，並有一種陽光般的氣質，可愛又無害的性格是你最吸引人之處。你的可愛並非幼稚，而是一種純淨的美，即使發現人性的險惡，仍能始終保持自我。你純潔善良的笑容讓不少人融化。

狐狸：你有令人傾慕的外貌與豐富的知識。在你的生命中，最不可缺少的就是愛情，你的舉手投足令他人心神蕩漾。你既敏感又含蓄，懂得無數浪漫的花樣。

羚羊：你表面上看似冷漠得有些孤傲，內心卻有不一樣的熱情。在你的心底有對世間一切最純真的想法，你有情卻不多情，接受改變卻不善變。膚淺的人不會接近你，走進你世界的必定是有內涵的人。

3 別讓「羞澀」產生退卻的情緒，影響人際關係

鼓勵孩子的一句話

如果你與周圍的人處得不夠好，很大程度上是自己造成的。

——哈佛大學心理學教授 史丹利・米爾格蘭（Stanley Milgram）

課堂上經常會出現以下場景，老師說：「下面這個問題找個同學來回答」，所有人都低下頭，避免與老師目光接觸。這種羞澀源於不自信，或是青春期自我意識的改變。

但在哈佛大學的課堂裡，氣氛非常活躍，同學甚至不舉手就直接發言，老師也很

享受這種交流，這是哈佛的另一個教育理念：讓學生自由思考、充分展示自己的意見和才華。

想要成為具有魅力的人，活在豐富多彩的人際關係中是必不可少的。如果能從小就開始積極培養社交能力，對將來會有很大的幫助。

其實，很多人之所以缺少穩定及良好的人際關係，是因為他們經常處於被動，期待友誼從天而降。但是，天上不會掉下好運氣，同樣也不會掉下友誼。若想要與他人建立良好人際關係，就必須主動出擊、贏得他人的好感。

有研究表示，許多人不願意主動和他人交流的原因，來自於某種心理狀態。經過哈佛大學心理學家的調查研究發現，作怪的是**羞澀心理**。

羞澀是許多人都有的性格特徵，使人無法發揮真正的潛力，同時影響人際關係的和諧相處。羞澀會產生「退卻」的情緒，讓你錯過許多良機。

美國的研究資料發現，約有百分之四十的美國人認為自己有羞澀的心理。其中包括許多名人，例如：電影明星凱薩琳・丹妮芙（Catherine Deneuve）、英國的威爾斯親王查爾斯（The Prince of Wales），甚至還有美國第三十九任總統卡特（Jimmy

Carter）和夫人羅莎琳（Rosalynn Carter）等。這些每天面對鏡頭的名人，都明確表示自己有過羞怯的心理。

在集體教育的校園中，因為相對缺乏社會經驗，有許多青少年困擾於羞怯心理，甚至有學生表示，高中三年內幾乎沒有與異性說過話。心理學家指出，**羞澀其實可以透過心理暗示來克服，而最重要的一點是勇於改變。**

害羞由先天因素和後天環境共同作用下產生。首先，羞澀心理與自我意識發展有關，常發生在「現實自我」與「理想自我」產生矛盾時，例如：我希望自己外向大方，但現實中連與異性講話都會臉紅。

過分強調自我、常擔心不被接納的想法，很容易使自己在社交、表達方面喪失信心，進而產生強烈不滿與害怕的情緒。另外，遭受挫折時，若習慣推卸責任，也容易產生羞澀心理。

生活中總會碰到挫折和失敗，若只片面地歸咎於命運、機遇、環境或他人等外在因素，容易產生自欺心理，甚至將希望寄託於不切實際的假象。時間一拉長，便會有自卑、恐懼、怨天尤人的傾向，並開始陷入空虛、迷茫、失落和孤獨的不良循環中。

那麼，應如何克服害羞心理呢？

1. 周圍的人都是友好的，微笑可以換來微笑

哈佛大學心理學課程中說道，微笑可以拉近人與人的距離。每天清晨，如果有陌生人對你微笑，你當日的幸福感可能會比平常高出一倍。我們應該學會主動問候，對陌生人報以微笑。逐漸克服畏懼心理，便會發現人與人的溝通沒有想像中困難。

害羞的你是否性格較為內向、意志不堅強，或是較為沉默寡言、無法承受挫折？不妨在日常生活中鍛鍊自己，積極參加各種活動或外出遊玩，嘗試改變自己靦腆內向的性格。

2. 憂慮和困難都是暫時的，一切都會變好

在學習和生活中必須學會克制自己的憂慮情緒，凡事多往積極面想，不要讓負面情緒影響和朋友的正常相處。哈佛大學建議我們善用「心理暗示」，當感到緊張或羞怯時，就對自己說：「鎮靜下來，把面前的陌生人當作熟人。」

3. 眼睛是心靈之窗，用眼睛進行心靈溝通

與人交談時，盡量看著對方的眼睛，並面帶微笑或點頭讚許，當個專心的聽眾。害羞者往往因為膽怯而不敢與其他人交流，讓交友範圍僅限於狹窄的朋友圈，變得愈來愈孤僻。

這種情緒常被誤解為自恃清高，導致別人不願靠近。若形成這種消極的自我概念，讓他人對自己產生既定印象，在行動上也會使其他人難以接近。

4. 抬頭挺胸，我可以很優秀

仔細觀察，不難發現自己在某些方面其實不比人差。自信是一種人格，有自信才能成為生活的強者。世上沒有十全十美的人，關鍵是如何看待自己的缺點，請試著了解自己的短處，並樂於擁抱自己的不完美。

在生活中，練習既不過分要求別人，也不過分苛求自己，用真誠和信任贏得大家的尊重和友誼。即便已形成羞澀心理，也應透過心理暗示增加自信。要做到這點，最

簡單的方法就是不過分謙虛，該表現時就盡情發揮。

請從現在開始嘗試擺脫內心的羞澀，大方地交朋友。哈佛大學總是鼓勵學生在社交活動中展現自己，這絕不是在浪費時間，而是為今後的人生做準備。放下心理負擔、解開束縛，努力克服羞怯的心理，更能瀟灑自在地邁向未來。

哈佛心理測驗

透過下面的題目，測試看看你是否容易感到羞怯。

Q1 朋友家就在這條街上，可是你忘記門牌號碼，這時你會怎麼做？

A. 向他人打聽地址　B. 打電話問朋友　C. 在附近一家一家慢慢找

Q2 如果有老師要求你對他直呼其名，而非稱呼為「老師」，你會感到如何？

A. 很高興　B. 沒什麼特別感受　C. 有點不習慣

Q3 參加研討會時，你發現會議室裡全是陌生臉孔，你會怎麼做？

A. 猶豫半天才進去　B. 看到認識的人才進去　C. 毫不猶豫地走進去

Q4 開班會時，你突然有個不同的想法，會當眾說出來嗎？

A. 站起來侃侃而談　B. 會後向相關人員私下提出　C. 希望有人代你提出

Q5 和家人出去吃飯時，發現隔壁坐著一位名人，你會怎麼做？

A. 自然地上前搭訕　B. 鼓足勇氣前去搭話　C. 雖然想請他簽名，但不敢上前

Q6 在一次小型聚會上，你看到一位極具吸引力的人，會主動攀談嗎？

A. 主動上前自我介紹　B. 請人引見　C. 希望對方能注意到自己

Q7 校慶時，老師請你當主持人，你會答應嗎？

A. 欣然接受　B. 答應嘗試，心中有點緊張　C. 覺得無法想像，堅決推辭

Q8 家裡來了一位從未謀面的客人，你會怎麼表現？

A. 輕鬆地攀談　B 剛開始有點緊張，後來就習慣了　C. 一直擔心舉止失當

Q9 買了一件新衣服後，你會立刻穿上嗎？

A. 立刻換上 B. 看到也有人穿上同款後，才穿出去 C. 先放著

Q10 一年一度的合唱即將到來，你希望被安排在哪個位置？

A. 觀眾視線的焦點上 B. 只要不是中間就行 C. 四周都有人的後排位置

Q11 老師派你去車站接從未謀面的新同學，你在看到對方後，會怎麼做？

A. 大步上前加以證實 B. 搖晃寫著「歡迎××」的牌子試圖引起注意

C. 站在一旁，直到其他旅客走光，確定他也在等人才上前招呼

Q12 在舞會上，有位不相識的人一直凝視你，你會如何反應？

A. 以同樣的方式回應 B. 瞄對方一眼，裝作未察覺的樣子掩飾過去

C. 微微低頭或把臉別開

得分計算

A得一分，B得三分，C得五分。

答案分析

12～22分：你十分有自信，有相當多施展才華的機會。但要注意分寸，以維護自己的尊嚴。

23～46分：你是個羞怯度中等的人，大多時候能展現個人才華。如果多加練習，你的自信會成為受人喜愛的因素之一。

47～60分：你的羞怯心較重，對自己缺乏信心、不善交際，且不喜歡公開亮相，也無意與他人競爭。另一方面，你勤於思考、機敏睿智、為人謹慎，不輩短流長。你不必對自己過分苛刻，也別把周圍的人看得太高，每個人都有長處與短處，也許你不適合領導他人，卻是很好的合作夥伴。

4 未來孩子的成就高低，取決於養成「菁英特質」

鼓勵孩子的一句話

領導者的天職，是把群眾帶到一個他們從未去過的地方。群眾對自己要去的地方並不了解，領導者必須呼風喚雨，顯示出遠見卓識。

——季辛吉

世界級潛能開發大師安東尼・羅賓（Anthony Robbins）說：「成功者的內心彷彿燃燒著火焰，驅使他們追求成功。」成功者並非臉上寫著「成功」兩字，而是骨子裡散發出菁英氣質，這種氣質並非一朝一夕就能形成，而是經過長時間的打磨。大多數成功者總會朝向目標和夢想努力不懈，羅賓特別強調，成功者具有以下六種菁英特質：

特質一：正確的價值觀

正確的價值觀能使我們分辨出是非善惡，明白人生的真諦。成功者多半都有共同的道德根基，知道為人本分，明白君子有所為有所不為。

特質二：堅定的信念

信念有如支柱，菁英清楚明白自己追求的目標，堅定不移地相信努力必能獲得想要的生活。

特質三：飽滿的熱情

對夢想源源不斷的熱情，會為人生帶來力量、勇氣和意義。如果沒有熱情，將一事無成。

特質四：精妙的策略

菁英和平庸者的區別在於策略，所謂策略是組合各種才能的綜合性能力。有人能夠事半功倍，有人卻事倍功半，這就是其中的區別。

特質五：強大的凝聚力

幾乎所有的成功者都有凝聚眾人力量的能力。這種強大的凝聚力可以讓不同背景的人團結在一起，為同一個目標努力。

特質六：迅速捕捉和傳遞資訊

二十一世紀是資訊時代，掌握資訊就是掌握命運。俗話說：「世界上最難的事情有兩件，第一件是把別人的錢裝進自己的口袋，第二件是將自己的想法裝進別人的腦袋。」真正的成功者都是善於溝通的大師。

那麼，學生該如何培養自己的菁英氣質？如何在學習與生活中審視自己的稟賦，並鍛鍊成功潛能呢？

1. 做奮鬥的戰士

生命是一場不斷奮鬥與前行的過程。在成長的過程中，奮鬥是推動前行的動力，幫助我們克服人生道路上的困難和挫折，引領我們追求更高的理想。

2. 要有目標，明白自己是為什麼而戰

比奮鬥更重要的是奮鬥的方向，美國前總統歐巴馬曾說：「我們常面對不同的選擇，重要的是我知道哪個選擇更適合我。」想過著美好的生活，就要清楚判斷自己奮鬥的方向。

3. 像菁英一樣思考，超越自己

哈佛學子普遍認為：「做事只有做到最好，個人價值才能得到最大體現。」不滿足於眼下的狀態、透過奮鬥與努力取得卓越，才能改寫自己的人生。

當我們遇到瓶頸時，要有一顆不滿足於現狀的心，並勇於挑戰和超越自我。學生作為未來社會的棟樑，必須腳踏實地學習、力求創新、不斷挑戰、勇於超越自己，才能在競爭日益激烈的環境中，立於不敗之地。

哈佛心理測驗

測一測你是否屬於菁英？

Q 你比較喜歡下列哪一種花？

A. 薰衣草　B. 向日葵　C. 玫瑰花

答案分析

A：薰衣草

你心思細膩，喜歡觀察和發現新事物。你在團體中是智者，有許多想法，總能提出很好的意見，再加上你有不可忽視的創造力和執行力，讓人讚嘆你的獨特見解。

B：向日葵

你的個性十分樂觀開朗，並且非常自信，是團體中的領導者。你總能維持團體的秩序，也勇於發表意見，團體中有你這樣的領導人物，大家都能發揮所長。

C：玫瑰花

你不喜歡爭執，個性隨和，是團體中的協調者。你非常喜歡與大家打交道，也懂得人與人之間的相處和溝通。因此，當團隊發生爭執或出現不同論點時，你總能以中立客觀的角度，找出最合適的方案。

5 學業成績不是人生成功的關鍵，溝通能力才是！

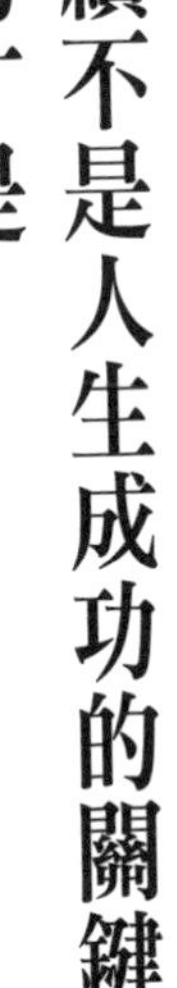

鼓勵孩子的一句話

成功主要取決於有效的溝通。

——哈佛大學管理學教授 麥可・波特（Michael Eugene Porter）

成功學家研究發現，每人平均花百分之六十到八十的時間在溝通上，其中包括聽、說、讀、寫等不同的方式。一位智者曾說：「人生的成功來自人際溝通的成功。」每位具有領袖氣質的菁英都是溝通大師，能透過溝通讓人感受到自己的優秀和獨特。

在學習中，如果無法與同學、老師適宜地溝通，一旦產生隔閡，學習生活將增添困難的因子。相同地，良好的溝通能力會使生活變得更加幸福美滿。

美國石油大王約翰・洛克斐勒（John Davison Rockefeller）說：「若溝通能力是項商品，我願意付出比任何東西都昂貴的價格，購買這種能力。」擁有良好的溝通能力，可以幫助我們維繫人際關係、拓展視野，並及時了解動態資訊。哈佛商學院的課堂上，教授曾說過以下這則小故事：

美國某個農村裡住著一位老農，他的大兒子、二兒子都在城裡工作，只剩小兒子和他相依爲命。有一天，某個人前來拜訪老農並對他說：「我可以把你的小兒子帶到城裡工作嗎？」

老農氣憤地拒絕他的請求，但那人接著說：「我願意以一件珍貴的禮物，交換他到城裡工作。」老頭搖搖頭說：「不行，你走吧！」這個人又說：「如果我送你兒子的禮物，也就是你未來的兒媳婦，是石油大王洛克斐勒的女兒呢？」這時，老農心動了。

過了幾天，這個人拜訪美國石油大王洛克斐勒，並對他說：「洛克斐勒先生，我想送你女兒一件禮物。」洛克斐勒說：「快滾出去吧！」這個人又說：「如果我送你女兒的禮物，是你未來的女婿，也是世界銀行的副總裁呢？」洛克斐勒想了一會，也同意了。

又過了幾天，這個人找到了世界銀行總裁，並對他說：「總裁先生，你應該馬上任命一位副總裁！」總裁說：「這裡不缺副總裁，我爲什麼得『馬上』任命一位副總裁呢？」這個人說：「如果你任命的這位副總裁，是洛克斐勒的女婿呢？」總裁先生欣然同意了。

這雖然只是一則寓言故事，但可以看出溝通的影響力甚至超越個人的能力。

著名劇作家蕭伯納（George Bernard Shaw）曾說：「假如你我都有一顆蘋果，彼此交換後，我們每人仍然只有一顆蘋果。但如果你我都有一種思想，彼此交換後，我們每個人都有兩種思想，甚至兩種思想發生碰撞後，會產生更多其他的思想。」任何人的知識、技能都是有限的，只有憑藉溝通獲得寶貴經驗，才能擴展視野，適應不斷變化的外部世界。

對於學生來說，溝通非常重要。首先，溝通有助於增進人與人、人與團體、團體與團體之間的理解和認知。其次，可以獲得更多的幫助與支持，提高學習和管理的效率。再者，還能激勵積極性和團隊精神。最後，溝通甚至可以提升目標達成的成功機率。正確了解溝通的作用與目的之後，才能把握溝通的技巧。你需要掌握的溝通要素有哪些呢？

1. 清晰的溝通目標

與人溝通時，一定要明白溝通的目標和宗旨。不要說了半天，卻和對方雞同鴨講。這樣只是浪費時間，無法達到效果。

另外，與人溝通之前，先肯定自己、樹立自信。嘗試從多角度溝通，不同的說法會帶來不同的感受。無論何時，常用有價值、樂觀、愛心、互惠互利、有發展性等積極的措辭或敘述，帶給他人愉快、積極進取的感受。

2. 語言和肢體語言的配合

溝通不只是說出口的語言，無聲的肢體語言有時能帶來更好的溝通效果。語言與肢體動作的完美配合，可以使溝通事半功倍。

3. 溝通資訊、思想和情感

與人交流除了能交換訊息，還能促進思想與情感的碰撞。透過談話進行思想和情感的交流，可以加深彼此的認識、拉近距離。

溝通是一種實力，需要講求技巧。大部分的成功者都具備良好的溝通能力，因為他們知道，有效的溝通能避免許多不必要的錯誤和麻煩。優秀的菁英人才要敏銳地觀察對方，以掌握他人的想法與動機。若不幸發生衝突，別忘了平心靜氣地用良好的溝通，來消除誤解和隔閡，而非將對方當成敵人。

哈佛心理測驗

測試一下你的領導能力。

Q1 你會大聲說話嗎？
□經常 □有時 □從不

Q2 當徵求意見或評論時，你會第一個發言嗎？
□總是 □偶爾 □從不

Q3 你曾用譏諷的言語批評別人嗎？
□經常 □偶爾 □從不

Q4 在日常對話中，你會使用極不恭敬的措辭嗎？

□經常 □偶爾 □從不

Q5 若有人費盡脣舌敘述一件事，你會中途打斷他嗎？

□經常 □有時 □從不

Q6 當遇到困難時，你會聽取前人的忠告嗎？

□經常 □有時 □偶爾

Q7 你會對人失去耐心嗎？

□經常 □偶爾 □從不

Q8 你曾經在與人爭論後大力摔門離開嗎？

□經常 □很少 □從不

Q9 你曾經憤而掛電話，以終止爭論嗎？

□經常　□很少　□從不

Q10 你認為表現極差的演說者應該被公開檢討嗎？

□是的，這樣他下次才會更加注意

□從不，只有在他故意誤導聽眾時才需要

得分計算：

回答「是的」、「總是」、「經常」得三分。回答「偶爾」、「有時」得二分。

回答「很少」得一分，回答「從不」得零分。

答案分析

25～30分：你極具侵略性，且常踩著別人的肩膀出頭，過度的無情只會妨礙你的前途，人們喜歡會尊重他人的領導者，而不是一個沒血沒淚的獨裁者。

15～25分：在沉重的壓力下，你有時能夠超越巔峰，有時則表現出可能會令你後悔的行為。總體而言，你被認為是一個堅毅的人。

10～15分：你有點散漫，常常無法在必要時表現出自己的權威與自信。若能接受領導技巧的訓練，說不定能改善你逃避的習慣。

10分以下：你的奉獻精神太充沛，甚至不排斥讓人踏著你而過，除非整合自己、培養領導能力，否則很難取得大成功。

國家圖書館出版品預行編目（CIP）資料

哈佛大學最強的 EQ 訓練：教孩子控制情緒、找到貴人、善用天賦的 5 堂課！/ 韋秀英著
－－初版. －－臺北市；大樂文化, 2018.07
面； 公分. –（Power：019）
譯自：哈佛凌晨四點半・高中實踐版

ISBN 978-986-96596-1-1（平裝）
1. 成功法 2. 生活指導
177.2 107010319

Power 019

哈佛大學最強的 EQ 訓練

教孩子控制情緒、找到貴人、善用天賦的 5 堂課！

作　　者／韋秀英
封面設計／蕭壽佳
內頁排版／思　思
責任編輯／劉又綺
主　　編／皮海屏
圖書企劃／張硯甯
發行專員／劉怡安
會計經理／陳碧蘭
發行經理／高世權、呂和儒
總編輯、總經理／蔡連壽
出 版 者／大樂文化有限公司（優渥誌）
地址：臺北市 100 衡陽路 20 號 3 樓
電話：（02）2389-8972
傳真：（02）2388-8286
詢問購書相關資訊請洽：2389-8972
郵政劃撥帳號／50211045 戶名／大樂文化有限公司

香港發行／豐達出版發行有限公司
地址：香港柴灣永泰道 70 號柴灣工業城 2 期 1805 室
電話：852-2172 6513 傳真：852-2172 4355

法律顧問／第一國際法律事務所余淑杏律師
印刷／科億印刷股份有限公司

出版日期／2018 年 7 月 30 日
定價／260 元（缺頁或損毀的書，請寄回更換）
I S B N 978-986-96596-1-1

大樂文化